陳福成著

文學叢刊

愛倫坡恐怖推理小說經典新選

文史哲出版社印行

國家圖書館出版品預行編目資料

愛倫坡恐怖推理小說經典新選 / 陳福成譯. --
初版.--臺北市：文史哲，民 98.02
頁： 公分. --（文學叢刊；214）
ISBN 978-957-549-835-1 (平裝)

1. 愛倫坡（1809-1849）

874.57 98002413

文學叢刊 214

愛倫坡恐怖推理小說經典新選

譯者：陳福成
出版者：文史哲出版社
http://www.lapen.com.tw
e-mail：lapen@ms74.hinet.net
記證字號：行政院新聞局版臺業字五三三七號
發行人：彭正雄
發行所：文史哲出版社
印刷者：文史哲出版社
臺北市羅斯福路一段七十二巷四號
郵政劃撥帳號：一六一八〇一七五
電話886-2-23511028・傳真886-2-23965656

實價新臺幣三二〇元

中華民國九十八年（2009）二月初版

ISBN 978-957-549-835-1 08214

序——偵探小說鼻祖：愛倫坡

美國詩人、小說家愛倫坡（Edgar Allan Poe, 1809-1849），在西洋文學史上另有獨特的歷史地位，他被稱爲「偵探小說之父」，運用科學的邏輯推理及潛意識的心理分析，創造出偵探小說的原型。愛倫坡不幸的身世，使他的生活及作品充滿了伊底帕斯情結：憎惡父親，痴戀母親。尤其他對亡母的痴戀情結，永遠阻隔了他對人間正常的愛，避開了人間的健康與活力。這種永遠忠於死者的情操，使他的思想只有兩條出路：天國與墳墓。他的小說始終充滿著詭譎和恐怖感，所以愛倫坡也稱「恐怖小說之父」。

後世把愛倫坡小說原型加以發揚光大，最著名的是英國的柯南道爾（Sir Arthur Conan Doyle, 1859-1930），一八八一年獲愛丁堡大學醫學士，開始懸壺濟世。惟因診所生意清淡，債主盈門，他想起寫偵探小說，一八八六年三月間他在「朱紅的研究」（A study in Scarlet）這篇小說裡，創造了「福爾摩斯」（Sherlock Holmes）角色。次年「朱紅的研究」發表在「必登耶誕年刊」，一時轟動，後來「福爾摩斯」終於馳名全球。終柯南道爾之一生，他所寫的福爾摩斯探案，共有四部長篇和五十六個短篇。我國最

早有福爾摩斯中譯本，是光緒三十三年由林琴南、魏易同譯的「歇洛克奇案開場前編」一卷，次年（一九〇八）由商務印書館發行。劉鶚（一八五七—一九〇九年）在他的「老殘遊記」中也曾提到福爾摩斯。

但柯南道爾所創造的福爾摩斯系列作品，乃師承自愛倫坡小說之原型，並發揚光大之，可謂「青出於藍而勝於藍」。惟後世文學史家也認爲，沒有愛倫坡恐怖推理小說模式的啓發，就沒有福爾摩斯，因爲現代推理小說的基本結構（要素、變項、關係、程序），已由愛倫坡建立起來。愛倫坡成就偵探、推理小說之鼻祖，這是他在世界文學史上的地位與應有的尊崇，也當之無愧了。

當代國內的愛倫坡小說僅見若干短篇，譯文及語體均欠佳，美式中文之難讀，亦未能彰顯愛倫坡小說的水準與「原味」。本書力求「信、達、雅」上之通暢，引人入勝，除介紹愛倫坡生平與作品外，有十二篇精選小說，各篇都分別以筆名「鄉下人」發表過（台北，偵探雜誌社）。每篇附有考證說明，使讀者了解小說寫作、發表的背景，卷首附有照片，取自愛倫坡（台北，新亞，六十三年）；杜若洲譯，莫爾格街兇殺案（台北，志文，七十六年）。書末附有愛倫坡情書、書簡及年表，讓我們對這位偉大的悲劇作家有更深一層的了解。

陳福成誌　民國87年元月于台灣大學

愛倫坡恐怖推理小說經典新選

目次

關於愛倫坡

艾德格・愛倫坡在一八〇九年元月十九日生於波士頓，一八四九年十月七日逝世於華盛頓醫院。大哥亨利二十四歲就與世長辭。妹妹羅莎莉雖然活了六十歲，但只有十二歲兒童的智力，是個輕微性的低能兒。

坡的先祖由諾曼第移居愛爾蘭，至坡的曾祖始全家渡表。父親大衛・坡，母親伊莉莎白・安諾德都是天生的流浪者。他們生有三個小孩，老大威廉，坡是老二，還有一個妹妹羅莎莉，在坡兩歲時，她才出生。而他們的父親有次不告而別，從此未回來過。

一八一一年十二月八日母親病世，三兄妹相繼爲人收養，哥哥被住在巴的摩爾的祖父大衛・坡收留，妹妹被住在里氣蒙的麥坎吉斯收養，而坡本人被約翰・愛倫夫婦收養，所以「愛倫」是坡的「Middle name」。

坡在二十歲時，鍾愛他且坡也極愛她的愛倫夫人去世了，使他相當痛苦。一八三六年坡二十八歲時，和十三歲的堂妹維琴尼亞結婚；她雖是一個多愁善感的女孩，但

在坡的心中卻是個完美的女人。可惜結縭後第十一年的元月三十日，他便遭斷弦之痛，這個打擊幾乎使他垮下來，精神痛苦到了極點，從此墜入赤貧。這是他走下坡的開始。

也許愛倫坡一生最悲哀的不是作品生前不受重視，而是繼父愛倫先生不能瞭解他是個天才，不能給予他家庭的愛，反而恨他，看不起他。可憐的坡再度失去天倫之樂。到養父快死時，坡回去探望，希望能得到他最後的諒解，卻被愛倫先生的「你來幹什麼？快滾出去！」請了出門，眞是可憐！

無怪乎一八四九年九月他到北方迎接岳母克萊孟夫人時，在巴的摩爾飲酒過量病發，十月三日送到華盛頓醫院，十月七日清晨與世長辭前，他還頻頻祈禱著：

主啊！救助我可憐的靈魂！

愛倫坡（Edgar Allan Poe, 1809-1849）

愛倫・坡的妻子維琴妮雅（1822 年～1847 年）

右上：愛倫・坡的養父約翰・愛倫。左上：養母愛倫夫人法蘭西絲。

右下：坡的母親伊莉莎白。左下：姑母克雷蒙夫人。

上、下：今日保存在里氣蒙的愛倫坡家園。

右上：愛倫・坡的墓。

左上：愛倫・坡二十歲時和姑母克雷蒙夫人一起生活的家。

下：位於維吉尼亞州里氣蒙的愛倫・坡紀念館內部。

圖①②『莫爾格街兇殺案』的插畫。
圖③『瑪莉・羅傑之謎』的插畫。
圖④『金甲蟲』的插畫。
圖⑤『阿夏家的崩潰』的電影劇照。
圖⑥『莫爾格街兇殺案』的電影劇照。

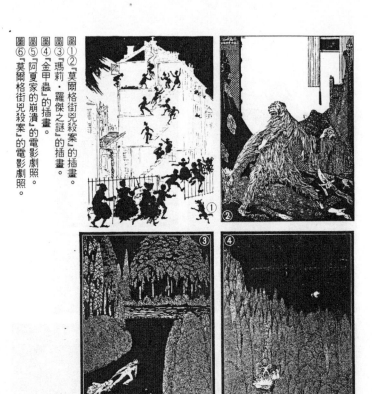

寶物出土
聯合報 77.3.30.

藝術的報償

莫帝里亞尼油畫高價出售

售價是「美麗羅馬人」，於去年十一月以四百一十萬英鎊賣出。

在今天拍賣會上，法國畫家狄加一幅「浣布婦人」售得三百九十六萬英鎊。

狄加另一幅也是在一八七〇年代描繪洗衣婦人作品，於去年十一月以七百四十八萬英鎊賣出。狄加死於一九一七年。

愛倫坡早期作珍本受重視

77.3.30. 联合

【法新社紐約廿八日電】美國作家愛倫坡寫的第一本書「帖木兒與其他詩選」初版珍本，將在蘇富比公司拍賣。這本書是愛倫坡十四歲時寫的，蘇富比公司稱之為曠世珍品。

就目前所知，這只是愛倫坡第十二本經人發現的書，是波士頓一家沒沒無聞的出版商在一八二七年出版的。愛倫坡是美國最偉大的作家之一。

蘇富比善本圖書部助理副總經理狄龍說：「老天！真是叫人太興奮了，這是本曠世珍品。任何人稍稍涉獵過美國文學，就知道這本書。」

一名麻薩諸塞州圖書收集家在新罕布什爾古董市場瀏覽有關肥料和耕耘機的小冊子時，不期然地發現這本書。

他當時出價十五美元買下。

蘇富比估計，預料這次拍賣，這名收集家可以取得卅萬美元。

這本厚僅四十頁的書十分重要，因為愛倫坡早年的作品絕少初版珍本。

愛倫坡的兩種圖照

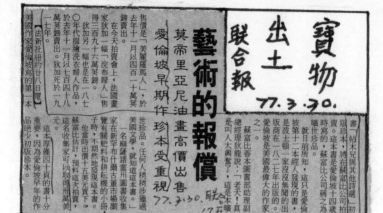

愛倫坡的作品及生活

第一部

在美國近代已故的作家中，比較有名的可能就是愛倫坡了。有許多他的詩、短篇小說皆爲各國讀者所稱道。他的作品往往能廣增人們的生活領域，這是他作品之所以受歡迎的原因之一。

假如我們能拋掉國與國文化間的成見及時空的差距，也許我們就能感受到與作者同在的快意。今天人們讀了愛倫坡各篇短篇小說還是很能身歷其境的感受到死亡的恐怖、及人性詭詐的可懼。小說中兇犯的心態、犯罪動機都不是用常情常理可以推斷的；一個美麗嫵媚的女郎突然出現，結束掉某人的生命；快得沒有人知道他是怎麼死的，或者根本不知道他到底死了沒有。愛倫坡用眞實的感情來處理這虛構的奇情怪事，逼眞到你不得不心服於他才分之高。

的確，太逼眞了！如果沒有完全親身經歷過，常人一定描述不出來。所以多年來

在人們心目中已有一個「坡」的幻影，而這個幻影就像愛倫坡小說中的人物，一個完全情不能自禁的瘋狂人物（或者半瘋）在浪濤裏輾轉不已。

無疑的，愛倫坡把自己全部熔在所寫的小說中，但這並不意味坡就是小說中的人物；只是若果不是他自己還會有誰呢？這些疑惑我們先撇下，暫且讓我們看看愛倫坡的生平，再作定論。

一八〇九年元月十九日，愛倫坡出生在美國麻塞諸塞州的波士頓城。父母都是流浪藝人，他們在東部地區到處流浪，一個城鎮又過一個城鎮。他們沒有固定居所，只有旅館是暫時的家。

當坡只有九個月大的一天，他父親出門，從此沒有再出現過，沒有人知道爲什麼。可憐的坡太太帶著兩個小孩和一個未出生的遺腹子黯然離開；而坡兩歲時，他母親又拋下了他和哥哥及妹妹與世長辭。

這些都發生在維吉尼亞州的里氣蒙。這地方有個名叫約翰．愛倫的煙草商把坡領了去，但愛倫先生始終沒有收養坡，也就是說坡在法律上沒有完成正式領養手續，且愛倫也未曾眞心愛過小坡。愛倫夫人自己沒有兒子，所以很想要一個小孩，她對小坡的愛和細心遠勝過自己的丈夫。

表面上愛倫先生也沒有虧待小坡，讓他受良好的教育；從四歲到十七歲他一直在很好的學府裏，十七歲那年開始專修某些課程，作入大學前的準備。那時要進大學是不容易的事。此時，愛倫先生已經是個有錢人，但他很難瞭解坡在大學裏發生了什麼事情。愛倫先生回里氣蒙前給他一點錢，卻給的不夠，連買日用品也不夠。結果到校的第一天他已欠下兩筆債。坡寫信給老坡，寄來的仍然是微不足道；此時坡發現沙羅爾斯威地區有的商人可以讓坡賒帳。那些商人知道愛倫是有錢人，認爲愛倫終要來付款的。

這只是一個小插曲。坡是個年輕人，和其他年輕伙伴一起讀書、生活；別人做啥他也跟著學，其中一項是用紙牌賭錢，輸家把現金給勝家，只有坡因爲沒錢只好用賒賬的。但最後他因此欠下一大筆債務。

另一件事是大學生喝酒的問題。在英國當我們使用了「drink」一字，往往是指飲料，不論水、牛奶、可樂。但是當我們說：「drinks」時，就表示飲的是酒、杜松子酒或威士忌酒之類的飲料，裏面含有酒精，使喝的人有短暫的快感，多了卻會醉甚至有害身體。

我想談談他如何開始學習喝酒的。問題出在他不知道怎樣喝。早期美國年輕人的

生活比現在粗獷多了。大部分人喝的酩酊大醉時是不會有人在意的；但是如果一個男人不會喝酒（過量或是時間不切合、地點不對），人們就覺得喝酒是壞事。坡是個不會喝酒的人，三杯下肚就不醒人事，因此我們不必耽心他會終日與酒爲伍；果眞如此，他就沒有這些上好的作品出現了。

有很長的一段時間他酒不沾唇，但有些時候他又覺得不喝酒活不下去，所以他簡直在自尋煩惱，而且還是明知故犯。很顯然，他的很多類似這種心態狀況的事情是促成了他奇特性格的一部分原因，坡也知道問題是在他自己。他在一篇「黑貓」的小說中寫到：「是誰在明知故犯下做了許多缺德事呢？我們都是明白是非的人，是否因自己太瞭解法律了，就牽引了違法行爲的動機？」

學期結束時愛倫先生到學校把坡接回，這之前坡的生活一直很愉快。但回去後他的困擾緊跟著來了。愛倫是個有錢的商人，當他知道坡在校時的所作所爲時，氣的臉都紅脖子也粗了，他責備坡不懂金錢之可貴。他幫坡還了一些債款，唯獨賭債不付，所以坡離開學校時還欠下許多錢，其實在他以後的歲月中幾乎沒有那天不欠別人錢財的。

愛倫把坡帶回里氣蒙，並告訴坡不打算供給他在大學深造的費用，而希望坡能在

商界上做點事。當然啦，要坡去幹商人這一行是會令他很痛苦的。於是，在一八二七年三月的有一天，他發洩完了一堆氣話之後，就離家出走。這年他正好十八歲。便獨自面對孤獨的世界。

以後幾年他曾兩度重回愛倫先生的家，一次是愛倫夫人死前，那是因爲愛倫夫人特別鍾愛他，坡也極尊敬她。再一次是愛倫先生死前，他回去希望能得他諒解。

我們可以略知坡以後幾年所發生的事情，但每日每月所行對我們並不重要，我們所應知道的是他一直在寫作；而且很窮。他從十四歲開始寫詩，十八歲那一年有一個波士頓小印刷商叫卡閔・湯姆斯的人收集了一些坡的詩篇裝訂成小册子，叫「帖木兒及其他的詩」；很少有人買它，甚至知道的也沒幾個，不管怎樣，它就是一本不起眼的小書就是。

兩年後又另外加了一些新詩，裝訂成第二本詩集「阿拉發，帖木兒及其他的詩」，仍然是「小册子」，沒有人喜歡那些詩，甚至作者何人也無人問起。但坡已是個詩人了。這些詩作大都是模仿英國詩人拜倫（一七八八—一八二四）和愛爾蘭作家摩爾（一七七九—一八五二）的，充滿著浪漫色彩。

他也是美國第一位職業作家；那是說，他成了首位以寫作賺錢過活的美國作家。

在他生命中這是很重要的事實；今天有能力的作者可以全力以赴在寫作上謀求發展；但在坡的時代幾乎是不可能。通常作家要有一份每天只上班幾小時的輕鬆工作，賺取足夠的生活費後，留下的時間才能寫作。

坡認爲他就需要這種工作。有一次，他找到了，但要和老板洽談的當日卻喝醉了；他再度放縱自己做了些自知是不對的錯事，誰知道爲什麼？沒人曉得，而他也不願爲自己那些事辯解。他不得已靠寫作來謀生，卻是沒有一個人對他的作品付出眞正的鑑賞力，他的下場是窮；終其一生不外乎是窮！窮！窮！

第二部

一八二七年，他才十八歲，並沒有什麼充分的理由支持他離家出走。面對著寂寞冷酷的人海，但他立志要對愛倫先生及全世界證明自己存在的價值；他要使自己比一切來的出名，他要所有的人知道他，談他。他似乎覺得寧惡名留千秋，也不當無名小子。

剛開始幾年坡嘗試賣自己的作品維生。很可惜沒有人懂得愛倫坡作品的眞價，所以他潦倒一生。

不過，他並不是完全沒有家和朋友，當他離開愛倫夫婦後，第一件事是尋訪他的祖母。終於在巴的摩爾找到了勇者大衛・坡的寡婦坡老太太，她的女兒克萊孟夫人及孫女兒維琴尼亞住在一間小屋裏。坡立刻喜歡上這些人，他覺得這是個新家，雖然她們也很窮；最初坡不想連累她們，但當他單獨熬過了四個艱苦的年頭，依然是個身無分文的無名小子後，只好回到巴的摩爾開始成為祖母家的一員，他想作點事以貼補家用，但失敗了，他不能因而無所事事，只好再寫作。

在那個時代裏，一個作家想要成名，可以拿作品去向那些想要提高知名度的有錢人家周旋；而在有錢人聚會時，朗讀他的詩篇或小說。坡也曾經這樣幹過，但這畢竟是一種緩慢的方法，如果有作品見諸於擁有很多讀者的報章雜誌上，成名簡直就在朝夕之間。

有幾家雜誌是隔月不定期出版一次。內容有詩歌、小說、文學評論、國家大事、趣味欄、怪聞、讀者來信等等，包羅萬象。有一家「南方文學訊息雜誌社」發表了坡的一些詩篇和小說，老板立刻要他閱讀別人的新作品並且寫出書評。就這樣坡開始寫評論。坡寫出最了不起的作品，就是有關作家、文學、寫作藝術等這方面的文章，研究美國文學的學生應當不會忘記這個事實。

在「南方文學訊息」才寫幾個月，雜誌社老板就要坡到里氣蒙去協助雜誌社的編輯出版事宜，他當然很樂意的立刻接下來。薪資很微薄，但在一向窮光蛋的他看起來也還過得去。有一個討論會對坡很重要，他有權選擇何者能出版，何者不能；往往他選些自己已寫完的作品。

坡是個好編輯，但永遠不是好商人。他把自己的雜誌社辦理得名聞全國，尤其他的評論更燴炙人口。他不但有良心而且是好作家，對寫作藝術有深刻的見解，在報上發表任何評論都有勇者不懼的精神。如果他不滿意某一本書中的詩歌或小說便把它刪除，而從此那位作者和作品在坡心中便消失了地位。

他對周圍的人都仔細觀察過，深深感覺和其他作者比起來他是最好的，並且自認爲對作品水準有適當的鑑定力，其他作家都應聆聽他的裁判。

坡終於變成沒有什麼朋友，反樹立了一大堆敵人；今日我們眞的很難瞭解爲什麼坡要寫那惹人厭的東西，他完全可以比在實際上所表現出來的態度還不討人厭。但在家裏對克萊孟夫人和堂妹維琴尼亞及其他女人在一起時，他倒是一個體貼且可愛的男人。

這段時間，坡到了里氣蒙。克萊孟夫人和維琴尼亞兩人孤苦伶仃無人照料，那時

坡老太太已身故。坡需要克萊孟家人，如同她們需要他般。他希望克萊孟夫人當他的母親，維琴尼亞當他的妹妹。兩年後坡娶了維琴尼亞，他二十八歲，而她不到十四歲。有些評論家說坡娶了維琴尼亞是爲了不致失去新母親克萊孟夫人，她給了他一個家。

坡在里氣蒙只停留了兩年。當他在訊息雜誌社工作的第一個月的某一天早晨，他在辦公室出現，顯然已經喝醉，故立刻被革職。愛倫坡發誓決不再犯，才又被召回，但以後的兩年內至少犯過兩次，導致失業，老板也沒有再召他回來。

坡把家搬到紐約，仍找不到工作。他弄到一棟有數個隔間的房子，他們自己卻住不完，克萊孟夫人設法給人住宿賺些租金，以後的幾個月她都是這樣賺取生活費的。

坡終於離開紐約到費城任伯頓雜誌社編輯，之後，又任格拉漢雜誌社編輯，然後又回到紐約的百老匯新聞社。關於他在當編輯和社論家時，他們可以多討論點，他是很不錯的好編輯。每個雜誌社都因他的參與而業績蓬勃並吸引了更多的讀者。但他從未在同一個崗位上幹過兩年，不是爲了他酗酒——他有很長的一段時間沒喝酒——而是和老板鬧意見。經過幾番爭吵之後，他又走路了。他當編輯不喜歡別人督促，他樂於自我發揮。

在當格拉漢雜誌社編輯這段時間薪資較多，生活費也較寬裕。但是好景不常，就在這段日子，他知道了愛妻不久人世，又開始用酒麻醉自己。坡本人身體也有病，只是沒有人知道。

坡的主要工作雖是寫社評，但他的小說至今還是被人追念的，甚至是詩篇「大烏鴉」，也在他那個年代裏常被作家們所稱道。這時正好是歐洲的羅曼蒂克主義盛行的時候，美國人甚至認爲歐洲是新觀念的領導者，很多作家的寫作方向也跟著它。

大多數羅曼蒂克的作品都脫離了現實，那些詩或小說可以把人帶離現實生活進入幻境，在其中人們所感受到、聽到、看到的都是前所未有的。坡用了相當技巧來寫這些小說，教人看起來眞實性很高，起碼，讀者在快到曲終人散回到每個人的實際生活前的幾分鐘，還感覺不出故事的虛構。他寫恐怖小說也是針對讀者的需要，他瞭解作者的聲望、地位建立在讀者心中的需要。他深深相信他的讀者！

在愛倫坡走向人生終點的最後幾年，坡曾和一群編輯和評論家有過一陣筆仗，到一八四七年春天，因爲敵人圍攻，而戰友一個也沒有，他只好認輸。這年維琴尼亞去世，從此坡開始在人生道路上走下坡，精神同時也崩潰。

他花了一年多從紐約流浪到里氣蒙而轉費城，想要找個有錢的富婆朋友當太太。他仍然繼續寫作，甚至出版些趣味性的東西，因爲他的高潮已過，如日之西沉。

一八四九年他重回里氣蒙講授文學。我們都知道坡曾在那兒度過童年，所以在他的家鄉他是蠻出名的，而且是一種蠻令人喜悅的名聲。

那時他是病人，數星期後被發現躺在巴的摩爾街上，幾天後便死了。死時還不到四十一歲，埋葬時也沒有朋友來看他，他的離去人們也不覺得有什麼悲傷。

他的一生可謂坎坷多難，像一場惡夢，他的夢想終就還是夢。他以酒來逃避現實世界的煩惱，把自己埋葬在詩篇的意境中及最佳小說的夢幻裏。他自言「像個夢囈者，在將睡前思索片刻，夢將會很深入，而且會在入夢之後忘記寢前瞬息的思想」；他聲言「可以把自己從夢境邊緣喚回到現實世界，並且憶起一半剛剛所夢到的那個世界，這就是作品的材料了。」

如果他這樣說，我們也相信了他的話，那麼，他的詩和小說中的人物，便都是他爲逃避現實和孤寂的幻象了。

死亡舞會

恐怖的紅死病症在村莊已經滋長了很久，沒有一種惡疫會這樣恐怖，看起來像教人心寒的大殺手。血就是它的象徵——紅色和恐怖的血腥。有一種劇烈的痛苦，突然間靈魂在腦海深處衝盪的感覺。接著它流過皮層，雖然皮層並未被穿破；然後，死了！鮮明的血點綴在屍體上，特別是病人的臉上，教人不敢接近去照顧，甚至不敢瞄一眼就掩面而去，病人從頭到尾支持不到半小時光景。

普羅斯普，是一個地方上的領導人物，樂觀進取而充滿智慧。在他的人民死了快一半時，就率領著一千個健康快樂的伙伴，高飛遠走去住在他的一個宮堡中。這是他早就爲自己設計好的一棟宏麗的石材建築，有一道堅固而高聳的圍牆阻隔外界，牆只有一道鐵門，他們進堡之後，馬上把鐵門焊合，堅固的無人能打開。此時他們都忘記那恐怖的紅死症，自以爲是身處世外桃園，可以盡情消磨歲月。

爲了尋歡作樂，普羅斯普供給他們一切所有的需要，音樂、跳舞、食品、美酒，一切都在封閉的世界中，他們才感到安全；而病魔只能在外面耀武揚威。

渡過了第五個月的月底，普羅斯普邀請他們所有的同伴來參加一個化裝舞會，每個人被邀以盛裝，所有人的眼睛或整個臉部都被一條布製的面具偽裝起來。

化裝舞會有種富麗濃郁的感覺。普羅斯普的朋友在七個房間裡跳舞。許多舊宮堡的門可以一式打開，像是七個房間可以全景一目了然。這裡的確是個絕然不同的石堡，每隔二、三十碼一轉彎。每道牆的左右就是高窄的窗戶，每個窗戶都裝上了彩色玻璃，房間的顏色並與玻璃相配合。第一間牆上垂掛著藍色布簾，窗戶都成了藍色。第二間掛著紅藍相間的飾物，整個窗看起來像一團熟習的紫色。第三間是綠色，窗扉的玻璃蔚成一片綠。第四間牆上掛著黃色飾物，黃色的窗戶。第五間白色，第六間是絢爛的紫羅蘭色。第七間牆上掛著一張黑布料製成的飾物，黑似黑夜，地板鋪上一層相同的黑色質料，這間窗戶上的顏色不同於其他，是深血紅的紅色。

整個室內被窗外射入的光線點亮，結果光明好像是塗抹在舞者的身上。而亮光透過黑色的掛物，穿射過血紅色的玻璃，這種氣氛怪叫人恐懼的。照在臉上形成一種激動的氣氛，很少人敢在這暗色的牆影下留步。

這間房間內矗立著一個黑木製的巨鐘，標示出每一秒的流失，每小時會發出響亮清脆的聲音，像美麗的音樂那樣協和，大家都因那聲音的突如其來以致音樂和舞蹈停

止了，跳舞的人木然傾聽；然後又經過六十分鐘，三千六百秒的飛逝，鐘又響了，舞者像前次一樣停下。

雖說這是一個快樂而美麗的舞會，但你一定認爲那些人的粧扮是奇裝異服，那舞者就像我們在惡夢中見到的怪人。這——夢囈者——輕飄飄地舞過屋宇，舞動了屋的色澤，似乎是音樂從腳步揚起，而非舞步跟隨音樂。當舞者進行到第七間時因窗戶射入的紅光使他們裹足不前，壁上飾物的黑色叫人害怕，一個進來的人聽到巨鐘敲出來更深沉的聲音。

其他的房間擠滿了人，內心都碰碰地跳著，舞者繼續進行到鐘敲十二點，音樂再度停下來，跳舞的人，隨著緩慢的鐘聲而不動了。鐘聲再度平靜之前，群衆中有許多人看見第一間屋子——就是那藍色的。有一個舞者在這之前未曾出現過，有許多人慢慢地交頭接耳的談起這個陌生客，緊張的氣氛也傳遍每個跳舞的人，然後內心浮起了對惡疾的恐怖感。

這種奇罕的聚會中，僅僅一個陌生的舞者就會引起一陣騷動。他們當中對生死看的不在乎的大有人在，對身外之事總不去譏諷半聲，只認爲那個陌生客不該在此時穿那樣的屍衣與大家同在。他是個瘦瘦高高，從頭到腳都被裹著，像個將要埋葬的死人；

面具遮避了他的臉龐，或者只是一個面具吧！蓋在他的臉上的面具的確像個死人臉，最接近他的人也找不出他那裡有一點「人的味道」，他已經被大家這樣認定了。只是舞者都不知道恐怖的死亡已撒佈在每個人的心中，看起來都像死症的幽靈。他的衣服濺染著血跡，臉上佈滿了可怕的紅點……也許這不是面具，跟本就是他眞正的臉色。

普羅斯普首次帶著恐怖的眼神望過去，然後憤怒道：「大膽是誰？」吼著：「把他抓起來，拿下他的面具讓我們認識一下，明早把他絞死在城堡上！」

普羅斯普站在那綠色的房間說了這段話，大家都能聽到那陣響亮而清晰的聲音傳遍七個房間。起初，就有人一窩蜂的湧向那怪客，但他們又停止了！害怕，沒有人敢伸手去碰他。怪人開始步入第二間，從普羅斯普身旁掠過，而他呆若木雞。跳舞的人從房間中先退回牆邊時，怪物以穩健的步子不停地邁向藍色屋裡去，經過紫屋；再到綠屋，過綠屋到黃色屋，到白屋然後到紫羅蘭色房間。當闖入者正要跨入第七間時，普羅斯普憤怒的衝過第六間，衆人都被死的恐怖所擒住竟無人敢跟隨。他舉一把利劍，準備劈向怪人，在距離三四尺時，怪人驀地回身，目光直射普羅斯普的雙眼。一眼尖叫——哇！短劍掉下，亮光閃耀在地板上，過了幾分鐘普羅斯普倒下死了。所有的人撲進黑色房間，一個最勇敢的大塊頭打算捕捉站在鐘下面那個身軀高大的怪人，但當

他們的手接觸到怪客身軀時，發現染了血的衣服的內緣沒有人類應有的軀形，沒有肉體，什麼都沒有。只是一件墳中的壽衣，和一個死屍般的面具。

現在他們才知道那就是恐怖死亡的出現，乘黑夜來的。跳舞的人一個個倒下死了，燈光熄滅，巨鐘停擺；黑暗、腐朽和死亡永遠統治一切。

後記：本文是幻象作品，把色彩光亮與黑暗恐怖，存在的歡樂與滅亡的痛苦用強烈的對比描述出來。這種假面具流行於十六、七世紀時的英國城堡及巨宅中，是一種詩劇，常伴以音樂、舞蹈、美觀劇裝，及壯麗行列。坡用鐘聲造成的音響效果與現代電影特別強調聲音，用某種特殊音響造成觀眾突如其來的驚魂，有異曲同工之妙，同樣巧妙的控制了讀者觀眾的情緒。

恐怖的紅死病是一種絕症，它會奪去一個國家中所有人民的生命。

本文最初在一八四二年五月刊於「格拉漢雜誌社」。

威廉的故事

一

現在讓我自稱威廉・威爾遜好了，這不是我的眞名。它曾經引起我一陣恐慌，也觸怒了我的家庭。難道沒有一陣風能將我的名字連同那份失落感吹到地球的盡頭嗎？對世上的名譽、花香、和金色的希望我眞的能永遠無動於衷嗎？一片無垠的烏雲難道永遠不垂掛在我的希望和天堂之間嗎？

人們走向歧途常是漸漸的，而我卻突然之間墮落下來，就像是換了一層外衣似的。從一些我所做的齷齪行爲就可看出，自己在一剎那之間已變成衆所皆知的罪大惡極。注意聽我道來，發生此事的原因。那時死亡逼近了，它的來臨鬆弛了我的精神。我希望，當我通過這道死亡谷時，其他的人們能夠知道我已超出人類自制力的範圍，希望他們能在這篇我正要講的故事中找到我，由一些我所能做的小事實、小證明中，而且只有我做了。我要他們知道那些事只發生在我身上，而從未發生在別人身上。那是眞

的嗎？沒有一個人會和我有同樣遭遇？我不是曾活在夢裏？我不是渴望從那恐懼和難回答的問題——曾經夢過的那些世上最離奇、荒唐、不可思議的事情中解脫出來嗎？

我的家庭成員以有充沛的心靈活動著稱，而我小時候在家裏這種特性就表現得極明顯，年紀稍長更拙壯成更大的力量。許多因素造成我利用這個特性周旋在朋友中；雖然它也給我極大創傷。我要人們依我行事，我表現出來的像狂野的蠢漢。我讓自己的這種慾望控制了我自己。

我父母在心靈和身體上都很脆弱，沒有太多精神來管束，我當他們對我無可奈何時，我的性格變得很強硬。從那時起，在家裡我是大王，我的話是命令。在那種時代，小孩是沒有自由的，我卻能爲所欲爲，誰都管不動我，我不僅是自己的主宰，也要宰制別人，看誰有種來碰看看！

我記得我的第一所學校，是個約有三百年歷史的陳舊大古宅，位於英格蘭的小鎮中。周圍有重重濃密的大樹，房子極其陳舊。眞的，這裏很像是夢中的伊甸園，又似一塊修心養性的寧靜場所。

那時我只覺得樹蔭下很涼爽愜意，我憶起花香，愛聽發人深省、叫人喜悅的鐘聲；每小時它總會劃破寧靜的響起一次。

想到這所學校便高興起來——太高興了。那時遭遇的深刻就和不久前發生似的一樣，而且是非常眞實的。若我能暫時忘懷煩惱，利用一些時間向各位傾訴那時期的點點滴滴，相信大家一定不會反對。更甚的是，那時那地是很重要，我至今的恐懼根源，便是那時候延續下來的。

剛才提起那棟寬敞而老舊的房子，就是我們小孩子度過童年和上學的地方，周圍有很大的土地，而整個學校的外緣被一道高牆所包圍。每周我們出牆三次，一次是在附近田野小徑散步，兩次週日上教堂。村裏只有這麼一個教堂，校長就是教堂的長老，我常帶著驚異和懷疑的神態深深地注視他！這個人，邁著緩慢的步子，平靜而深思的臉龐，衣著多變且乾淨——他也可以裝一副「苦瓜臉」，衣著不整站在那兒做「打人狀」，如果我們不守校規時。哦！還有許多奇奇怪怪使人恐懼的問題超出我小小心靈所能解答的範圍。

我最記得我們的室外運動場，那裏沒有樹，地面和岩石一樣硬。房前有個小花園，但我們只有在特別狀況下才進花園，諸如剛開始入學、最後要離校，或是父母、朋友帶我們出去玩幾天時。

對我而言，這是一棟多麼涼爽親切的老房子啊！一座眞空的古老宮殿。在那兩層

樓上曾發生過的事情，現在已記憶模糊，只記得每個房間都有三、四個階梯通往其他房間。所有的房子構成網狀相通，通道多得不計其數，往往走著走著便又繞回原來的地方。

住在這裏的五年中，我從來沒有告訴外人，我這間曾和十八、九個「小蘿蔔頭」一起睡覺的小天地。整個校舍就是我們這間寢室最大了——我甚至都要認爲它是世上最大的。長長矮矮的，有幾個小窗戶，屋頂有支大木樑，牆角的一端是校長布蘭斯白先生的辦公室，那辦公室有道厚厚的門。當校長不在時，我們寧死也不願把門打開。

從十歲到十五歲，我一直在這所老舊的學校度過。我還發現這裏有許多趣事。一個兒童的心靈是可以不需要外在世界的滋養。在這平靜校園裏，我所找尋到的樂趣比以後像一個有錢的花花公子，或是一個盡做錯事的大人還要多。

我確實還有許多地方大大不同於其他小孩。很少有人能憶起他們早年的生活。我早年在純潔和坦白方面表現之突出，就像是別人剛剛進入金色年華那般情景，實際上是我狂熱的個性和慾望所導致，這也很快促使我和其他人疏遠了。漸漸的我掌握住所有年紀比我輕的小孩，只有一個例外。這個男孩雖然不屬於我家族，卻和我同叫威廉・威爾遜。他是唯一敢說不信任我，不聽我指揮的人。

這個事實令我困擾。我試圖去做其他事而對它不在乎，但那事實——我有點怕他——仍聳立威脅著我。我必須與內心交戰才能勉強地與他維持對等的局面，而他卻能很容易的使他自己平等待我。然而，尚無人感覺出來，他比我更叫人敬佩。

沒有人發現我們之間已在進行冷戰，當四下無人，他就一直想阻止我想做的事。他不和我一樣有領導其他小孩的慾望，他似乎只想扯我的後腿，甚至令我驚訝的是他態度，似乎有時也在向我表示一種仁慈的愛，對於這種表現我並不表欣慰。我想這也許是他自以爲比我善良罷了。加上我們又是同名同姓，同時入學，別人也以爲我們是兄弟，所以他要對我表示親熱一些。但我終是懷疑他的動機，背後一定有問題。

威爾遜並不是我們家族的一員，所以極爲疏遠，但是，如果我們是兄弟的話，也許會很親近的，因爲我又發現我們同是一八〇九年元月十九日出生的，眞是件怪事！

二

當他繼續想干預我時，我也企圖想要去指揮他了。怪就怪在這裏，雖然我不喜歡他，卻也不討厭他。我們每日幾乎都要吵架，在別人面前我似乎是以一個強者的姿態出現；但他好像可以叫我感覺出實際上是他佔了上風，他自己才是強者。除非我們用一種含有幾分友誼的態度繼續談判。許多事情我們也協調得很好，我常在想，我們若在另外的時間和場合相遇，也許會是好友。但在這裡，他想鬥我，我想鬥他。

很難表明我對他眞正觀感；不是敬愛也不是害怕。甚至我還發現他許多美德，非常值得我去效法。任何對人性有點領略的人，或許會說我和威爾遜實際上是一體的。

雖然我們不是眞正好朋友，但這種奇異的友情卻造成了我們間那些古里古怪的勾心鬥角。我設法旁敲側擊來造成別人對他嘲笑，表面上水乳交溶，暗地裏洶湧起伏。我的計畫雖然很周全，但也有失敗的時候，因爲他也有不少令人敬佩的情操是不容他人譏諷的。

我發現他有一個弱點，這也許是他天生具有的，或某種疾病導致的，而除我之外也無人可以利用其弱點來攻擊予他。他講話只能用一種非常柔弱低沉的語調。這缺點是永遠在我強力的控制下被利用了，而且無往不利。

威爾遜是有能力反擊的，而且他做了。有一件事超出我的算計之外，弄得我很困擾。我未曾眞愛過我的大名，太多人和我一樣。我寧可要一個別人沒有的名字。有一天到學校，第二個威爾遜出現了，看到他我就覺得惱怒。我知道每天必須聽這個名字好多次，偏偏那個威爾遜又總是離我很近。其他學生常認爲我的行爲和所有東西都是

他的；而他的也是我的。似乎，我們兩個沒有區別了，天啊！太離奇了！

我因為那個威爾遜每次在外表和心理所表現出來的言行舉止都與我太相似了，使我的怒燄越來越高漲。之後，我又發現一件驚人之事，我們除了年齡相同，身高也相同，而臉龐和外表造型也很相像。沒有其他事比聽到別人談及我們之間的許多相同還要使我難過。（我盡力自制，不讓人發現。）我也知道他比我更清楚，曉得這些相同點是困擾我的一種方法，這證明他的心比我更敏銳。

他的方法是提高我們之間的相同點。在講話和行動的安排上，他順利地運用他的方法，連衣飾也和我相同，且輕而易舉的學到了我走路的姿勢，聲音當然不會像我一樣嘹亮，但講話的神情卻和我沒兩樣。

這是一幅多清晰的作繭自縛圖啊！我並不想對誰傾訴。我似乎是那唯一注意到那差異的人，唯一可以看透威爾遜獨特和了解他的微笑的人；他似乎在自嘲，而不注意別人的譏笑。

我已說過他是如何自覺得比我聰明伶俐，他想要指揮我；設法阻止我已計畫好想做的事，他想告訴我應該和不應該做的事；但他卻不能很公開化的做，只能用兩個字寫，我得猜測他的含意。之後，我漸長大受制於他的成分也就少了。

在他的盯視之下我的心情就不得舒暢。每天都要表現得開朗勇猛才能不受他的言語所左右。我剛已說過，第一年我們一同上學時很容易捲入友情的漩渦中，但在以後，即使他很少對我嘮叨了，我卻仍恨透了他。

現在讓我爲他講句公道話，我記得他曾經告訴我，他不像別人所料想的，比同齡的人聰明很多，不過對是非的辨識力比我來得敏銳而已。如果當初我照他的話去做，也許今天會更好更快樂。

若我沒記錯，這大概是同一時期，偶爾他表現得比往常要開朗得多，他的表現好像對我深感興趣。不管怎樣，他總讓我回想到早年前幼童生活時的思緒——似乎回憶起我無法深銘在內心的往事，一些矇矇朧朧的影子，自覺好久以前我就必須去認識這個站在眼前的人。然而，那感覺總是稍縱即逝。

同是這一天，我在學校和這個威爾遜最後聚會。那夜當衆人皆入眠時，我起床，靜靜的提盞燈穿過房子到了威爾遜的寢室，當時我正想要實現一件計畫很久的事情——就是殺了他。以往我的成功率不高，而現在，我想依照自己的新構想開始行動。

我靜悄悄的到了那間寢室，熄了燈前進一步，仔細傾聽，他睡得很熟。我轉身拿燈，再靠近床前，俯視他的臉龐。

我全身感到一陣冰冷，膝蓋在打顫，心靈滿佈恐懼。我把燈向他的臉移的更近，仔細地觀察一番。這是威爾遜的臉嗎？我再看，這的確是他呀！但，我卻像病患般的顫抖起來。什麼東西使他的臉叫我如此膽怯呢？我注視著，思維像一團亂絲在腦海中繞圈子。

不像！實在不像那個在白天呈現出與我同樣年齡、同樣體型、同樣姓名、同日入學、模仿我走路姿勢、講話態度的人。

事實上，運用人類的本能，我能想出一種結論——唯一的——原來他是經由裝扮才和我相似嗎？我熄掉燈，渾身佈滿懷疑恐懼、陰冷和顫抖。在平靜的黑暗裏，我走出他的寢室，毫不停留，離開了那所老學校，永不再進去。

三

家居數月後，覺得無所事事。我進入「伊頓」這所有名的學府求學，以便忘記在那學校的生活點滴。那些發生過的事——叫人懼怕的事實——如今已成追憶，現在，我真懷疑所記得的，而對於心中的怪異念頭和曾經有過的想法予以冷笑。

我在伊頓生活並未改變這種想法，蠻不在乎地過著「飽食終日，無所用心」的無聊日子，這種枯燥無味的生活浪費了我寶貴的青春生命。我不想多述我在此地的罪行——違反校規及逃避老師們眼光的罪行。轉眼三年，我身材更加魁梧，而靈魂卻瘦比黃花，三年惡行已使我變得更加邪惡。

有一夜，我邀了一群和我一樣滿身帶罪的酒肉朋友到我房裏開一個秘密會議。我們深夜相邀狂飲，打牌，高談闊論直到東方露出魚白。酒的溫熱和牌局的氣氛使我的邪惡又蠢動起來。當我正舉杯爲某個特別邪惡的想法誕生而欲慶祝時，門外僕人傳話說隔房有人要求與我說話。

我很高興，三步併兩步的趕到那間廳堂，屋裏沒掛燈，但我可以看到一個和我同高的年輕人身形，和我身上穿一樣的衣服，看不到臉。我一進門，他立刻過來，抓住我的手臂，輕輕在我耳邊說：「威廉．威爾遜！」

陌生人開始有其餘的動作。他高舉的手指在顫抖，這使我瞳孔張開，視界更廣；觸動我心裏的並非是這種奇特的動作，而是我聽到「威廉威爾遜」這兩個熟悉單字的聲音直透我的心靈。我還來不及發動思考去和他說話，他就消失了。

於是幾週以來我都在想那事的發生，誰？他口中的「威爾遜」又是什麼人？來自何方？找我的目的爲何？因我所知道的威爾遜是爲家庭原因，在我當初走時他也在同

日下午突然離校。沒多久以後，我什麼也不想了，全心思考要進牛津大學的計畫。

我很快啓行，父母給我最富裕的生活費用，就像是英格蘭最有錢人家的公子。現在我以雙倍的精力表現，我把一切榮譽道德擱在一邊。在所有會花錢的公子哥兒中我是最「凱」的；我替那些在大學已很出名的老哥們添了不少敗壞德行的新花樣，這更使我惡名傳遍整個大學。那些「吃喝嫖賭」，爲所欲爲的搞女人，就別去形容吧！

我變得更下流。有個事實令人難以相信，就是我已經忘記了我是紳士的地位。我會在那些以橋牌過活的人身上玩手段，我熟練的賭藝打起來是穩賺的。

不管怎樣，朋友們相信，我是笑容可掬又可敬的威廉．威爾遜，大方的把禮物給每個人的年輕人，有種前所未聞的幻想力，但永遠不會眞的做出什麼天大的壞事來。

就這樣我混了兩年，覺得頗有成就。後來一個名叫格林丁寧的年輕人入學，大家都說「錢來也。」我立即發現他脆弱的部分，他很好賭，要賺他的錢當然很容易，但我是細水長流的慢慢吃他的錢。我常和他玩。

最初我只使用一般賭技讓他先撈幾把。我看時機已經差不多了，就把他約到另一個伙伴普來斯頓家裏。有八、九個人在那，然在我精心設計之下使這件事看起來像不約而同的聚在一起玩牌。事實上也是格林丁寧提議要賭的。

一坐下來就玩到深夜，終於大家都罷手了，只有我和格林丁寧對賭，其他人觀戰。所玩的是我最拿手的三十二張「打對台」，格林丁寧不知怎麼玩的發狂，可能他也喝了一些酒，沒多久他就輸給我一大把鈔票。

現在他要同我賭雙倍，這也是預謀要他上鉤的，但我裝作不同意，不得已下才答應。不到一個時辰，他又輸了剛才四倍的錢財。

突然他的臉無緣無故地變得蒼白。我想他這個大凱子，輸這點錢一定不關痛癢，而他臉色蒼白是因飲酒過量所致。但當他放聲大哭，狂亂的眼神讓我瞭解到他已失去了擁有的一切時，我也只好收場。他脆弱的心靈因酒變得更軟弱，那晚他是不該被拉下水去玩牌的，偏我又沒放過他，還利用他的現狀催毀他。算了，無能者該被催毀。

室內一片寧靜，我可以感覺出這些朋友的冷酷無情。然事已過往，我沒說啥。說遲不遲，就在這時候，房間那扇厚重的大門突然被打開了。燈火全熄，不過我已看到一位和我差不多身材的人影進來，穿著時髦講究的長大衣。伸手不見五指，只感覺出他正站在我們之中。然後聽到他的聲音，輕柔低沉的，句句叫人深銘入骨。

他說：「各位，我只是在執行我的職責。你們不清楚這贏錢的人的眞正底子。他今夜已從格林丁寧那撈了一大把錢，但請你們脫下他的上衣，仔細檢查。」

當他說到這裏，屋內就沒有任何聲音，然後他走了。

四

我能說——或者我該說，我有什麼感覺嗎？我要說我怕，怕那個惡魔啃噬我心靈。

我用雙手支持住自己，燈火亮了，衆兄弟上來檢查我的上衣。在這裏面他們發現了一張王牌，賭博要賺錢時不可欠缺最有價值的高點牌。我一直秘密的使用，所有和我賭過的人都要輸我。這不過一點小技倆，我用的純熟，不可能有人知道，是誰？

然後屋主普萊斯頓先生說：「威爾遜！你幹了好事。」他從地板撿起一件很貴重的大衣，又說：「我們不想再驗明我們已證實的事。我們看夠了，你自己清楚，我希望，你必須離開牛津，不然至少，你要離開我家，現在就走！」

即使我的靈魂是如此的骯髒，但當時如果沒有其他事令我震驚，我會爲這些話痛揍他一頓的。我的大衣比所有人能買得起還值錢，它是特製的，不同凡響的。所以，普萊斯頓把大衣從地板上拾起給我。

我恐懼的看一眼已掛在我雙臂的大衣，又望著普萊斯頓欲拿給我的大衣，不寒而慄地想著兩個人在各方面都很相像。因爲這一群沒有一個人穿大衣來的，除了那個神

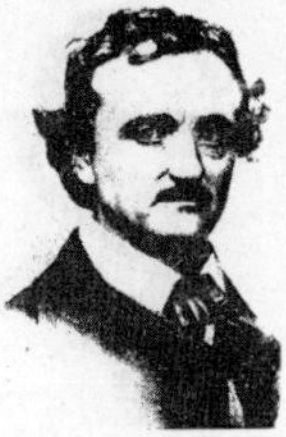

秘進來的怪人。我接過普萊斯頓給我的大衣，走出他家。

第二天早晨，我離開了牛津大學，開始了倉促的旅程，我跑，但逃不了，一個城市流浪過一個城市，每個地方都尾隨有另一位威爾遜。巴黎、羅馬、維也納、柏林、墨西哥——他形影不離的跟著我。年復一年，我幾乎走到了地球的盡頭。我恐懼狂奔，像是在逃避一種可怕的疾病，但它依舊跟著我。死命的纏著我，我死命的逃！

我一再問自己「他是誰？」「他來自何方？」「目的爲何？」答案是：無解。後來我以最理性仔細的態度審查他監視我的目的，才略知一二；每每他出現，只是在阻止我正想去做一些可能導致自己誤入歧途的行動之前。但，他用什麼力量來控制我呢？

我也注意到，雖然他穿和我一樣的衣服，但已不再讓我看到他的臉部。他以爲這樣我就認不得他嗎？在牛津他壞了我的名譽，在羅馬他攔阻了我向上爬昇的計畫，在拿不勒斯弄吹了我的愛情；奪走了我在埃及賺大錢的可能性。他以爲我只能眼巴巴的看著一個我學生時代的同學，他——威廉・威爾遜——奪走我想要的一切嗎？這個可恨又可怕的威廉威爾遜！每當我有大企圖，想幹一大票時，他就出現……

到此刻我還不能報復，他有名聲、有才華，他無所不在，無所不通。我感覺到懷疑和恐懼，且這更加深我自己的孤單無助感。雖然我憤怒，因我必須照他所希望的去做。但現在我更要逃離他的控制。我開始扭轉局勢，慢慢讓自己茁壯，他開始相對的慢慢變弱了。我覺得熊熊烈火在內心燃燒，我決定要從骨子裏得到自由。

一八三五年的嘉年華會，在羅馬，在柏格里粵公爵的大庭院，我參加了一個化裝舞會，我比平時還多喝了一點酒，感到室內一陣擁擠和悶熱，我憤怒地推開那些穿梭不已的人們，正注視（請別問我爲什麼？）……我正在找年輕、風姿綽約的伯爵夫人。突然間我看到了她；可是當我正要擠過群眾向前搭訕時，有隻手擱到我肩上來，以及一個很熟悉的聲音在我耳邊輕輕響起。讓我痛恨的聲音，像利刃……

憤怒之餘我狠狠的抓他一把。威爾遜如我所料想的一樣，穿著一件華貴的藍外衣，腰間圍著紅帶子，掛著一把長利劍，黑色的布製面具把臉全蒙起來。

「你敢！」每個字都加了火油似的，使我怒火燃燒的更烈。「總是你！這回你不能——不能再破壞了，除非我死。跟我來，否則我要當場斃了你。」我把他推到後側的一個小屋裏，抵在牆邊，關上門。我命令他拔劍；彈指功夫，他拔出了一把劍在手裏，已準備好決鬥的姿勢。

決鬥時間太短暫了。我帶著壓抑不住的痛恨和憤怒；手臂有著萬夫莫敵的氣力。在我的威力之下，兩三下便逼迫他退到牆角，然後以迅雷不及掩耳之勢連續幾劍刺入

他的心窩……

一會兒我聽到有人要開門的聲音，我急忙把門拴上，然後轉向那垂死的敵人。用什麼字眼才能描繪出這驚慌的一幕呢？！恐怖佔據了我的心靈。

這時我轉身靠在那道似乎已關很久的門，到了房間尾端的一個大鏡子——整容鏡——好像爲我而設。當我恐怖的走向鏡子，我看到了自己的影像，滿身血，臉色蒼白，踏著無力和不穩腳步向我走近。

它出現了！啊！不是，是我的敵人——威爾遜，然後他站在我眼前痛苦地死去，面具和大衣掉在地板上。他的衣服和臉龐無一不是我的！

他是威爾遜，可是現在我聽到自己的聲音，像是該他說的。「我已不存在，從現在起，你也死了——對世界麻木！對天堂麻木！對希望麻木！就我而言你是活的——然而在我死的時候——看看這張臉吧！那是你自己的，完全是你自己的，你扼殺了你自己！」

後記：從文字看這是寫倫敦一個學校中，有兩個同名同姓的學生的神奇故事。其中一個代表善，一個代表惡，最後善者死在惡者手中。雖然結局是反傳統的，但實在

的本意是用特殊筆法描述自己善良面與邪惡面的鬥爭。這種雙重性格的造型，是他對每個人內心善惡交戰的表白。也是對人性本善的諷刺——他主張人性本惡。

本文在一八三九年十一發表於「紳士雜誌」。

吳雪家族的沉淪

一

那年年底，一個陰暗沉靜的日子，烏雲低垂蒼穹。我騎著馬穿梭在無一絲朝氣和美感的鄉村裏；黃昏前，吳家已隱約在望了。

我不知道這吳家曾經遭遇過什麼。但，第一眼看見這棟建築時，便有股沉重哀傷之情油然而生。我凝視著眼前的景象，整棟屋宇被幾棵死氣沉沉的樹木圍繞著，那眞會令人發出一種悲愴的嘆息。忽然，一陣陰風吹過，我全身輕顫，心裏直發毛，我四下看看，並無可疑之處，我自問「那到底是什麼呢？」難道說眼前的吳宅這樣恐怖，令人驚嚇？這神秘使我難於解釋。那種氣份、那種感覺，太詭異了。

我駐足在這陰森平靜的湖邊建築物旁，凝視著水中幾株枯樹的清瘦倒影。我打算在這憂鬱愁悶的屋裏住上幾週。以前長輩講的老房子、古怪的故事，浮現在心頭。

這房子的主人叫羅德瑞，童年時我們是好玩伴；但長大後，我們已多年不見了。

最近收到他給我的一封信，希望我能夠回來看他，他說他身上罹患一種惡疾，有想見我的渴望，我是他唯一最好最忠誠的知音。信中句句眞誠，不允許我說聲「不」字。

雖然我們是一起長大，但我實在對我這朋友所知無幾，不過卻深黯這古老的家族，長久以來它一直以廣泛藝術的領悟和對窮人仁慈和藹的態度而聞名。

他們並非大家族，也沒有其他旁系親族。

我一再凝視這水中的倒影，內心燃起一種奇異幻想——如此強烈的感覺，以致我能描述出壓在我身上的力量。我眞的認爲屋子四週的景物、地面和空氣都有了異樣。那是不屬於空中的空氣，朽木、灰牆、靜湖等都像生了病，我能看見輕霧在慢慢飄動，陰沉而灰黯。反正，這裡甚麼都病的很重，石頭、泥土……全病了。

我抖醒了沉醉夢境中的意識，凝神注視著建築物。它最引人注目的地方是：牆雖矗立，但所有石子都已呈現老化的景象。而我明察秋毫的眼睛已發現，屋前有一條裂縫從屋頂延伸到牆角。又從牆角延伸到地下，延伸到人的心中。

我騎過一座小橋來到屋旁，有一個人在屋裏工作——出來牽我的馬，然後我走了進去。另外一個僕人默默地帶我穿過一片幽暗轉入主人的房間。沿途遇到的景物，再加上前面談過的怪異使我更迷惘。

雖然我周圍的環境——黑色的牆壁表面、黑色地板、及多年前從戰爭中帶回來的東西，都是我兒時所熟悉的，但這些簡單純樸的物件，仍然震盪我的心靈，而且感到十分驚訝。

我步入這房間，又高又寬，小小的窗戶高掛在頂處，有一盞紅色小燈的光線柔柔地穿過玻璃，正好照亮近處幾個大件物體。

我的雙眼總是看不清最高的屋角處，黑色帳幕籠罩著牆壁。許多破舊的桌椅陳列於四處，書籍擺設在牆邊，但未能給生活帶來一點啓示。我感到所有事物都充滿著哀傷，想從這可怕陰森的地方逃走是不可能的。

當我走進房間，吳雪已站立在他的床前，用一種我無法領略的誠摯和溫暖來歡迎我。四目接觸，我立刻知道他信中所寫的全部都是出自肺腑。

我們坐下來，沉默片刻，他一語未發，我則感傷驚奇地望著他。確實！像吳雪這樣歷經滄桑的人眞是太少了。這是我早年的朋友嗎？

他的臉色一直很不正常，灰白色的皮膚，充滿異彩的大眼睛，沒有一點色澤的雙唇。但是他的外型瀟灑，輪廓明顯，鼻樑很挺；那是一張令人難以忘懷的面孔。

現在他臉上增添了一抹神秘色彩，引起了莫大的變化，使我幾乎不認識他。

他那蒼白可怕的皮膚，及兩眼古怪的神色，稍長的頭髮散飛在空中，這些使我驚奇，甚至害怕。即使盡全力，我也不能看透我那朋友的外觀。

由他的態度表現，我立刻知道了全局變化；他打算先將自己平靜下來；我默默地看著他。他說話聲音有時低沉或帶著恐懼的顫抖，但他一直努力地控制自己的情緒。

他用這種神情談及要我拜訪的意義，他想見我，是希望我給他愉快和力量，他相信他的病源是遺傳的，是一種無法樂觀期待它轉好的病症。但，他立刻加上一句，只有一種神經過敏症是能馬上治好。

他的病有許多古怪的反應。其中，如他告訴我的一種，引起我的好奇，但並不完全了解；也許他所說的話都加上一層神秘的色彩。在潛意識裏他覺得身體越來越虛脫，他只能吃些枯燥無味的東西；所有的花香使他的鼻子產生過敏；甚至雙眼也會被弱光侵擾；微小的聲音也會令他厭惡。

「我將要死了！」他說著：「我將要死了！我一定會死於這種虛脫病症。天數已定，要我走這條路。我的肉體將要消失於無形，怕是不久的將來就要發生了。我並非懼怕它的來臨，而是怕發生後產生的結果——恐怖！我覺得它此刻將隨我生命的消失而到來，我的心靈、我的意志，都會在與可怕的敵人——恐懼——做最後決戰時，一

起被打得落花流水。」死亡，是一個痛恨的仇人，日夜在追殺我，「我完了……完了。」

二

由一些凌亂之語，和吳雪目前的心智狀況看來，可知他對所住的屋子有恐懼感，然而多年來他並沒有想要離開此地，只覺得這棟帶有灰色牆壁及被湖水圍繞著的屋子，緊緊地掌握住他的意志。他感得，這房子控制了他，房子是活的，而他像個死人。

他認爲不管怎樣，都可能是由於他心裏的沉重負擔所引起的。的確，一個非常可愛的妹妹——多年來他唯一的友伴。除了他，她是家族的最後僅存者。他滿懷著感傷的說：「她什麼時候死呢？」那種悲悽之情使我永銘於心，「她死後，我就是古老的吳雪家族最後一人。」

當他停頓時，梅德玲小姐慢慢地走過這房間，無視於我的存在，又繼續向前走。我投以疑惑和驚訝的眼光，微微帶點寒心——還有一種連我自己也莫名其妙的感覺，我雙眼死盯著她。

當她走過一扇門後，關門聲在她背後響起，我將目光轉向她哥哥的臉上——他掩

面而泣，淚流如雨，而臉色比剛才更加慘白了。

梅德玲的醫生早已束手無策。而她似乎不憂不慮，身體漸漸消瘦虛弱，常常突然昏迷片刻，就像個死人一樣。眞的，她就像個活死人，行屍走肉。

很久以前，她就已經躺在病床上了；直到當天晚上我才知道病魔（那天晚上她哥哥告訴我的）對她有著極大的威脅。這是第一次看見她大概也是最後一次——這女孩，目前雖還活著，想必不久人世。

經過了幾天，吳雪和我都不再談起她的名字；這段時間裏我盡力讓我的朋友脫離那種黯然的日子。我們一起作畫、讀書；或聆聽那似乎是他在夢中所演奏的奔放旋律。但是我發覺到我企圖在他暗無天日的心田上種下的快樂種子，都無法萌芽，因爲在他的世界裏，萬物都灑滿了永無休止的抑鬱愁悶。

我常回憶以前與吳雪相處的時光。我打算在我們合作完成的事物上抹上一層眞實自然的景象，卻失敗了。萬事萬物都蒙上了奇異光彩。那些畫使我戰慄，可是我不知道爲什麼，也不知該如何來表達。如果說有人能把抽象概念描繪出來，那他就是吳雪。至少我是迷惑，無法去理解他的畫。

那些畫暗示著一座墳墓在室內；那兒有白色粗陋的矮牆，似乎在很深的地底，沒

有門窗和燈火；但有一束悽慘可怕的光線照射下來。

我已提過這種病態的意識景象，使得音樂在吳雪聽起來都是痛苦的。沒有幾種曲調能使他安詳的欣賞。這是事實，也許他的音樂觀點與衆不同，但他演奏那種超然美樂卻很難令人接受。我很難形容現在的吳雪對音樂的反應，煩亂又沒希望。

我想到他有首歌的歌詞叫做「鬼怪出沒的皇宮」。我想我讀到的歌詞是前所未有的，吳雪最清楚，所以他的心靈會慢慢脆弱下來。

這首歌敘述一個國王所住的一座華廈——皇宮，在一個綠色山谷，充滿著愉快、色彩和美麗，空氣是清新的。有美麗的花園，四季有花香。

皇宮內有兩個鮮明的窗戶做通道，在快樂谷的人們可以聽到音樂和看到微笑的鬼魂——幽靈——蠕動在國王四週。宮門用紅白相間的木材造成；一個鬼魂通過了這扇門，他唯一的責任是用迷人的歌喉爲賢明的國王歌唱。

從窗口望出去可見到燈火轉暗，而歌聲未斷，鬼魂飄入谿谷；燈火變紅，鬼魂們爲柔腸寸斷的樂章感動了；再過一道門，呈現一條無色的可怕鬼河，永無休止地衝激著。我要說這條河，啊！就是東方故事裡的「奈河」，河上也有一座橋。

我們談及這些歌曲時，吳雪的心中導出另一種感覺。他相信植物有知覺和思想，不僅植物，連岩石和水也有。他相信他房子的灰白石頭、石縫中長出的小草、將枯萎的樹，都對他產生一種力量使他變成今天的下場。

我們的書籍——這些書多年來一直啃噬病人心靈——也能由此推測這種狂亂的個性。有些書吳雪一坐下便看好幾個鐘頭，最後發現他最主要的樂趣是批閱古書，那是舊教堂使用的，不過是談些對死人的照料。

有天晚上，他告訴我梅德玲死了。他說她的屍體將在一個牆垣洞窖中保存一段時間，洞窖位在房屋的牆裏。根據他們家族的習俗，我覺得我必須同意這件事，況且墳墓離家太遠了。這是他家的祖制，幾代以前的先人，都埋在這房子裡。

我們把她的屍體抬入安息的地方。安置在暗無天日的小洞裏，這位置的上層正好是我睡的地方。厚厚的鐵門無論開或關，都會發出一種尖銳的聲音。

把梅德玲放在恐怖之屋後，首次發現他們兄妹間有很多的相似處，後來吳雪告訴我他們是孿生兄妹——他們同日生。所以他們之間瞭解很透徹，連繫力很強。我們對她做了最後一次俯視。我滿懷疑惑，因爲梅德玲看起來不像死了而像睡著一般——依舊輕柔的笑著——雖然摸起來和我們周圍的石頭一樣冰冷。

三

我們凝視片刻，直覺得渾身毛骨悚然。她的臉依舊有淡淡色澤，嘴角帶著微笑。關上了厚重的鐵門，回到房間，空氣比洞裏的好多了。

我朋友的心病現在又有了改變。他用急促的腳步在屋裏徘徊，臉色又比以前更慘白可怕，眼神已消失了。聲音中的顫抖似乎已達到最恐懼的地步。有時會呆呆地坐上一個時辰，好像在聆聽我感覺不出的天籟之聲。

把梅德玲安放在洞窖裏大約七、八天之後，有一天夜裏我正要就寢，突然有精神煥發的感覺。過了半夜還毫無睡意，我的意志在與敏銳的神經交戰。我試著讓自己平靜下來，若不能，我覺得這該歸因於鬱悶的房間和封死的暗牆。但我徒勞無功，身體開始不停地發抖，無緣無故的恐懼緊扣住我的心靈。

我坐下來，雙眼搜尋著室內的一片黑暗，傾聽——我不知道爲什麼——當風吹來時那種低沉的聲音使我悠閒自在，此時恐怖感就像重物般地壓著我。我穿上大衣開始忐忑地在屋裏踱圈子。

我踱了沒多久，聽到一陣輕微的腳步聲傳向我的門口，我知道那是吳雪。他出現

在我的門口，和往常一樣蒼白。不過雙口射出一抹詭異的笑容。即使如此，我仍樂得有個伴兒。

「你曾見過嗎？」他邊問邊打開一個向風的窗戶，颳入的大風幾乎把我們吹倒。這雖是強風，卻也是個美麗之夜，有種豪放的奇異感。

烏雲低垂著，似乎要壓垮這棟房屋，層層烏雲掩住了星月之光，但因低垂雲層的反射，視線在朦朧中依舊清楚。只是這雲層好像有極大的壓力，要壓死人。

「你不能這樣——我不容許你用這種態度觀景！」我把他從窗口抓到一張椅上，「這種驚魂動魄的場面到處有，現在氣溫冰寒把窗子關上吧！這裏有個你最喜歡的故事，我慢慢說，你可要聽仔細！然後我們共同度過這恐怖的夜晚。」

我挑出一本由「愚人」所著，專供給低能者閱讀的書，事實上不是吳雪所喜歡的，只是當場可以伸手拿到的一本書。他好像在洗耳恭聽。然後我娓娓說出故事的序幕：一個人，一個喝得醉醺醺的壯士，擊倒一扇門，在他四週可以聽到一種乾木材斷裂的聲音響徹整個森林。

這時，我停頓了一下，因爲我似乎從遠處的屋角聽到一陣像我剛剛正在描述的聲音。我想那可能是暴風的聲音，而引起我的注意。但那聲音，好像在這屋裡。

接下去，這人怎樣呢？他從擊破的門進去，發現了一種小說中常提到的怪物。他劈了過去，怪物應聲而倒，他用手捂住耳朵。

此時，我已不可否認我聽到了遠處有聲音，像是故事中怪物的吼叫聲。我極力控制自己情緒以免被我的朋友發覺，我也弄不清他是否已聽到這種怪聲。雖然他偶爾晃動一下身子，或搬動椅子混淆我的視覺，但我依然可以看到他的嘴唇在顫動，似乎在自言自語。他的頭低垂，但未睡著，因爲他的眼睛微微張開，而且身子正向一邊移動。

我又接著講，故事發展到另一個情節，一扇鐵門碰地一聲巨響倒在石板上。這句話才溜出嘴邊，便眞的聽到遠處一聲巨響——像是鐵器重擊在石板上又像鐵門被打開。

我完全失去了控制，從椅子上跳起來。吳雪還坐在那裏絲毫不受干擾，他把目光移向地面。我朝著他的方向衝過去。當我的手緊握他的肩頭時，他顫抖的波動傳到我心；他的嘴唇呈現病態的微笑；他用一種平靜而低沉的聲音開口了，似乎不感到我存在。

「不錯！」他說。「我已聽到了，幾分鐘前、幾小時前，甚至幾天前我就聽到了。但我不敢說，我們把她的青春年華葬在這暗無天日的洞裏，我不是說過了嗎？我的感覺非常靈敏，幾天前我發現她嘴唇蠕動聲音——我還不敢說！而現在，這段傳奇——

就是她的聲音。

「哦！我該何去何從？她就要來了——要來向我們興師問罪，爲何那麼早就把她放進去。我聽到她的腳步聲在樓上，我聽得到她的心在怦怦跳動。」；他跳了起來，大聲叫喊，叫得人心驚肉跳，「我告訴你，她現在就站在門口了！」

他指著正慢慢打開的大門。也許這是狂風造成的傑作，不過不可能——門外就站著一個精靈，修長的身影，穿著梅德玲下葬時的壽衣。白衣上沾滿了血跡，她那可怕的眼睛正注視著我們。

在門口顫抖了半晌，然後，一陣低嗚，她俯在吳雪身上，當她最後痛苦的死去時，她把他哥哥壓倒在地板上，他也溘然長逝了。他是被自己嚇死的。

我奔出房間，衝出屋子，拚命地跑。正要過橋時一陣強風攔住去路。突然來了一團鬼火在我腳下打轉，我回身想看它來自何方，卻只有一棟大房屋和一團陰影在我後面。原是是一輪明月的遐光照在大地，血紅色的明月，正照著牆上的破洞處。

當我第一次目睹這棟建築物時，看到這道裂縫，還是一條小縫，現在加寬了。一陣風迎面而來——喚出一輪完美的明月。我看見巨牆在下塌。陣陣強風呼嘯而過，墨黑色的湖吞沒了所有殘餘的吳雪家族……

後記：一八三九年四月，坡依然因職業而困擾。夏季末，他完成了一部「吳雪家族的沉淪」。他對屋子的描寫、景物氣氛的掌握都絲絲扣人心弦。甚至他可以把「味道」描寫得叫人從「視覺」引起「嗅覺」。本文係伊底帕斯情結的一個心理分析典例，梅德玲和她被早埋的地窖，以及整座屋子的本身，按心理象徵解釋，都是母性的心象。一八三九年九月，本文發表於「紳士雜誌」。

坡一生潦倒窮困，最後也未得善終。讀者們也許能判斷「吳雪」就是他本人。

巴黎神秘謀殺案

一

一八四〇年夏天在巴黎時，我初次遇到一位趣味橫生的怪客——杜萍。

杜萍是名門後裔僅存的一員，他的家族曾是聲名顯赫、財勢空前。但他就是沾不到一點富貴的邊。他只有一點點錢，只夠買些日常用品，還有幾本書；有這幾本書他就覺得很快樂了。這就是杜萍，欲望很低，活的快樂。

在一次偶然的機會裏，我們不約而同在一家舊書攤上尋找一本已成坊間珍品的書時，而認識了。之後，又在同家書店碰頭，甚至在別家書店也曾碰面，於是我們便逐漸地熟識而聊得很投機。

我對他所描述的那個家族深感興趣，同時對他有「讀萬卷書，行萬里路」的智識感到驚訝；更重要的，他堅韌的意志力在我心靈中，就像一盞明燈。我覺得，這種人的友誼對我而言是無價之寶。所以當我告訴他我對他的印象時，他願意和我住在一起；

我想他會很樂意善用我那些好書，我也因有他作伴而開朗，因爲獨居無樂。

我們在在一起讀書、寫作、聊天，日子過得很快樂。杜萍倒是一個「夜貓子」，在晚上，我們經常在微弱星光下壓巴黎的馬路，一路談天說地，有時沉醉在寧靜的思索中。就這樣，靜靜的在巴黎看夜景、散步，快樂的思考問題。

我察覺到他對事情有過人的解析本領，一種超乎正常人所能作的推論，這種力量使他感到無比滿足。他曾經微笑著對我說：大部分人的心靈都有個窗戶，透過窗子可以望見他們的靈魂。然後他又說了一句叫我驚異的話「我認識你的靈魂」。

他的眼神有時看起來是空虛而無限迷惘，聲音變得洪亮而敏感。那一剎那給我的感受是：似乎我看到的不只是杜萍一個人，而是兩個杜萍——一個是冷漠無情、搬弄是非、製造問題的杜萍；一個是有條不紊、解決問題的杜萍。

一天晚上，我們順著巴黎一條又髒又長的街道閒逛。兩人各自在忙著思索，約有十五分鐘雙方都保持沉默，像是我們互相忘記彼此的存在。不過我馬上瞭解到杜萍並未忘記我，因爲他突然說：「你對了！他只是個微不足道的傢伙，眞的，如果他當配角而不是什麼重要的角色，也許會更有成就。」

「當然，那是不可置疑的！」我直覺地說。

起初我對這段談話並未覺得有什麼不對勁——杜萍在同意我的看法。我繼續走了幾分鐘，我突然意識到在一路沉默後，杜萍居然知道我在想什麼，且同意我的觀念。

我一語未發，停下來轉向我的朋友，說：「杜萍，我無法瞭解，你怎麼知道我正想要……」說到這裏，我故意停了下來，爲了要試探他是否還知道我未表達出來的想法。難不成，他眞的能看清我的內心世界，那他豈不是神？

「我爲什麼不知道你要談張特利呢？幹嘛欲言又止？剛才你在想著，張特利對這劇中的角色而言太小了。」

「的確！這正是我所想的。但是，你用什麼方法洞悉我的意向？」

「是那水果販賣商。」

「水果販賣商？我不懂。」

「剛才我們一進這條街，就有個人差點撞到你地走過來……」

「嗯！對了！我現在想起來了。一個賣水果的人，在頭上頂著一大籃蘋果，幾乎要撞倒我。但我還不瞭解爲何那水果商會使你判斷我會想起張特利——你又怎能知道呢？」我心中起了很大的疑惑，沒有人可以解讀我的內心。太奇怪了！

「現在仔細聽我解釋——

讓我們從那水果販賣商到戲劇演員張特利這段過程來追溯你的思路。那些思路造成的邏輯是：

水果販賣商到鵝卵石、到分體學、到希臘哲學家艾庇顧拉斯、再到獵戶星座、然後回到張特利。這之間是有連接關係的，讓我解析他們的因果吧！

當我們轉入這條街時，水果販賣商急速擦身而過，而當他向你迎面而來，使你踩上鵝卵石，這雖不是什麼大不了的事，但我可能察覺你的腳已受傷。你冒出了幾句自怨自艾的話，然後再繼續走。不過你一直垂著頭看街上的鵝卵石，所以我知道你在想鵝卵石。

然後我們來到一條小街道，有人正用石子舖路，要築一條新馬路。那時你的容光更煥發，我看到你的嘴唇微動，於是我確信你正在想『分體學』這個字——新碎石子路的名字。這是個怪名字，不是嗎？你一定想起這個字，昨天我們談過的。我想分體學這個字必定使你聯想到古希臘哲學家艾庇顧拉斯，他寫了一些有關原子的東西；他相信世界及穹蒼都是由原子組成。

不久以前，你我曾討論艾庇顧拉斯及其思想。我們談論這歷史上古老的思想，就像談論今天的地球、星星、天空一樣多。

我看到你仰望天空，那時我確信我已追索到你的意識了。我也向上遙望，看到那群我們稱之爲『獵戶星座』的星團，今夜星晰月明，我知道你會注意到星宿，並且想起『獵戶星座』的名字來。

現在請注意我的思路。昨天的報紙有一篇關於演員張特利的專文，內容對張特利很不友善。我們都注意到那作者採用了一本你我都讀過的書中，一些有關『獵戶星座』的文字。所以我知道你會把獵戶星座和張特利兩個概念連繫起來。

然後我看你把身子挺得更高，我相信你會思及張特利的個子，特別是他的體重。他，又瘦又小。我說他眞是個小傢伙——這張特利。如果他擔任配角一定更有成就，於是我說出了那段話。」

我驚訝得目瞪口呆。杜萍對了，和他所會意的一樣，那些確實是我所思及而未表達出來的。但如果這就嚇住了我，那不久就要爲他更多高明詭異的分析而驚悸。

二

一個夏日炎炎的早晨，杜萍又來炫耀他那別具一格的理解力。我們在報上讀到一則恐怖的殺人案：一個老婦和她女兒在莫格街上一棟舊房子裏，被殺了。

一八四〇年七月七日這天清晨，巴黎市區的市民被一陣悽慘的哭號從夢中驚醒，聲音似乎來自一條名叫莫格街的一棟房屋裏。住在這裏的是瓊斯盆娜依和她女兒。幾個鄰居和警察朝房子奔去；但人群一到，悽慘的哭號也停了。在沒人應門之下祇好破門而入。當他們衝入時，聽到兩種聲音——好像來自四樓。這些人慌慌張張的逐間搜查，直到搜遍四樓都空無一物，最後發現一扇反扣緊鎖的門。他們立刻搗開，眼前便現出一片血淋淋而令人作嘔的恐怖景象——

室內桌椅七橫八豎，弄得滿屋子一片凌亂。地板、床上、牆上到處是血，地板上並有隻沾滿血的鋒利匕首；壁爐前還有幾撮灰色的長髮，也是染著血跡；受害者好像頭上捱了一刀；地上有四片金器、一個耳環、幾個銀製品，及兩個裝滿錢的袋子；衣服弄得滿屋翻飛；床上找到了一個開著的盒子，內有幾封舊信和文件。

他們在壁爐上找到了老婦人女兒的屍首；已氣絕，屍體還有微溫；頸子烏黑，是一道手指的深痕，這可明確指出她女兒是怎麼死的。

經過搜尋之後，等到屋內各地方不再發現其他線索，這些人才向後院走去；在屋後他們找到了老婦的屍首——頭幾乎被割斷，只要稍稍移動屍體，頭就會掉下。

×　×　×

第二天報紙發佈了下列新聞：

一八四○年七月七日巴黎莫格街的兇殺案件。

警方爲這古屋的殺人案件，經多方調查和訪問，沒人能知道到底誰是兇手。

並有下列個別報導：

保琳，一個洗衣婦，她說她認識這兩個遇難的母女有三年以上了，並且曾經洗過她們的衣服。老婦和她女兒感情不錯、爲人大方，洗衣費給得很優厚，她不知道她們的錢到底怎麼來的？她說她在這棟屋裏從未遇到任何人。只有她們母女倆住在四樓。

摸瑞，一個店員，他說瓊斯盆娜依四年來一直在他的小店購物；這棟老房子是她的，她們至少住了六年以上。聽說她們很有錢，但除了這兩個女人外，沒有別人住過這屋子。

其他的鄰居講的都差不多，幾乎未曾有人住過這屋子，兩個母女也甚少露面。

麥格諾，一個銀行工作人員說，瓊斯盆娜依曾在他的銀行存過款，開戶於八年前。死的前三天，她從銀行提了大筆現款和黃金，並且有位男人幫她把錢提到她家。

模斯德，一個警員，他說他首先帶了一群人進入房子，他正要上樓時聽到兩種聲音：一種是低沉而和緩；另一種是高而尖銳。很怪！這高音的確不是法國人的聲音，

而是外國人，也許是西班牙人。而他又聽到那低沉的聲音用法語說「我的天啊！」

加西亞，是住在莫格街的西班牙人，他說他進去過這房子但未曾上樓。他聽聲音時，相信那高音的不會是法國人，可能是英國人；可是他不懂英文，所以不能確定。

威廉勃，一個英國人，他也曾進過這間舊屋子，他住在巴黎兩年了，他認爲那聲音是法國人的，他並很自信地用那句法語講『我的天啊！』至於那尖銳的聲音，他確信不是英國人和法國人的，口音似乎是義大利人的，只可惜他不懂義大利語。

瑪特尼先生是義大利人，聽到哭聲時，他正經過該屋子，他說他在屋前停留了兩分鐘。她們的叫聲喊得令人毛骨悚然。瑪特尼不會說法語。他也聽到兩聲怪叫，他以爲都是法語，但沒有一句聽懂。

所以進入屋子的人，都同意她女兒的屍體被反鎖在門裏，當他們進去時一切都恢復寧靜，窗戶從裏面緊緊鎖住；當他們正上樓時，並沒有看到可疑的人，而這老屋也沒有其他梯子可供人逃逸；壁爐上的洞口太小，人是不可能通過。他們中的四、五個人合力，才把她女兒從壁爐上的開口拉出來。人群們從聽到聲音到破門而入，不過花了四、五分鐘，兇手卻已逃離現場。無法理解，兇手是否有隱形大法？

杜瑪斯是個醫生，發現兩具屍體之後，他立刻被請來驗屍。現場極爲恐怖，死者渾身傷痕；他說，一個女人不可能是兇手，應該是有力的男人幹的！

警方所獲悉的消息也僅止於這些報導。在巴黎從未發生過如此奇怪的案件。警方不知從何處著手調查。因爲，沒有證據，沒有線索，太離奇？

× × ×

看完這些媒體的兇殺案報導後，我和杜萍都默默無言，但他那失去意識而空茫的眼神告訴我，他正啓動他的潛意識，他正在思考。他問我對這些報導有何感想時，我只能說和巴黎日報的看法一致。我認爲這是難解的案子——神秘而永遠沒有答案。

「不，你錯了！那的確是很神秘，但一定有答案。咱們到那老屋看看能否有收穫？一定有答案的，一定的。」杜萍說。他對自己顯得很有信心，因爲萬事萬物必有因果關係，他深信。

三

杜萍認爲本案雖然神秘、沒有頭緒，但必定有答案。他說：「我們不要從所看的報導去判斷是否有答案。巴黎警察負責盡職，常對案子有很好的表現，但對事件的解析經常不得其門。有時候從一粒沙可以看世界，從一朵花可以看天堂，有的時候『繁

事從簡、小事宜週』是可以變通的。警察人員總是不夠靈活，有時他們太注重問題的本體；一個人的思想若只在核心打轉，其所見便是很有限，往往對整個問題的輪廓便把握不住了。或有時被現象迷惑，也可能看不到本質。

「讓我們到現場看看，是否能理解出什麼線索，這件事將是有趣且能帶給我們愉快。」天啊！杜萍把破案當成一種愉樂活動了。

我對於杜萍說的這件案子會讓我們愉快而奇怪著，但我一直保持靜默。

黃昏時我們到達莫格街上的現場。那裏還有許多觀望的人，所以很容易找到——事實上，那裏人潮洶湧，一個個鵠立翹首。入屋前我們先在四週逛了一圈，鄰家和這棟房子，杜萍都仔細觀察過，杜萍對這宗案件那麼關心，令我不解。

然後我們再回到屋子正門走了進去，一路上樓直往她女兒陳屍的房間。警員搜查後就走了，留下兩具屍體。除了報上所提的，此地我什麼也沒發現。杜萍將每件東西——屍體、牆、壁爐、窗戶，都非常留心的查看後，我們才回家。

杜萍無言，但能意識出他陰深的氣色就是默示一種心靈正在激盪——激烈而周密的。一種潛意識的心靈活動，在杜萍的腦海掀起陣陣「浪花」。

杜萍一直保持沉默，直到翌日清晨，他突然到我房裏，問我是否注意到莫格街上

那棟房屋有什麼特別奇怪的事情，我回答他：「和報導所提的毫無異樣。」

「我的好朋友，告訴我！我們該如何解答這令人毛骨悚然——用神奇力量謀殺的案件？人們所聽到又是誰的聲音？除了已死的女人外，無人知曉；況且那裏對任何人而言，都無路可逃。

「在壁爐上掛著的屍體、斷頭而令人寒戰的婦人……諸事都與預期相差甚遠，面臨這紛亂景象，警員茫然無措。

「這件事非比尋常，但並非深不可測。我們不該問『已發生什麼事？』，而要問『此事之前，發生了什麼事？』。事實上，甚至那些警員所認爲不可能解釋的事情，反能給我答案。是的！我相信他們已把我引入解答裏。」

我驚呀得目瞪口呆，他迅速的掃視門口說：「我現正等一個知道那兇犯的人。但願這個判斷沒錯，如果我判斷正確，我預料今天可以找出答案。我希望這個人會來這兒——這屋裏——不論何時。不過他也許眞的不會來，但來的可能性很大。」

「但這人是誰呢？你又如何找到他？」

「我將會告訴你。當我們等待時是不可能知道他是誰的——因爲未曾見過。但等待時，我將讓你知道我的思路如何進行。」杜萍喃喃開始說了，但他似乎不是在對我

解釋他的想法，而是在自言自語。他不面對著我只望著牆。

「鄰人已經很有把握的證明聽到的聲音，不是來自受害的女人，而是屋裏另有其人。所以確信老婦不可能先殺死她女兒而後自刎的。況且人能用刀子來自刎，但絕對無法把自己的頭割得快斷了，然後把匕首放在地板上。所以，絕對是兇手幹的，那兩種聲音就是來自這些人。現在我們把鄰居聽到的聲音作系統的思考，你可注意到，在他們談話中有特別古怪的地方？」

「嗯！不錯！每個人都同意低沉的聲音是法國人的口音；但不確定尖銳的聲音是那一國人。」我說。

「啊！對了，這就是他們描述的，不過他們所言並不特別奇怪。你說你沒注意到有什麼事情和案子情節有出入。但有一件事：正如你所說，所有的人確定聲音低的口音；而不確定尖銳的聲音。這點有些不對勁，當義大利人、英國人、西班牙人及法國人要形容尖銳的聲音時，每個人都說像外國人口音，這聲音就太怪異了！這四個男人來自不同的國家，卻沒有一個能聽懂是什麼地方口音，每個人仍然猜測不同的國名來。

「現在我知道命案當時有其他國家的人；可能來自其他地方——大概是俄國。」

此時，杜萍回過頭來深深看著我。「這些都是我們從報上所獲知的。我不知道如

何引導你的思路，但我相信有關案情的一切事實，可指引我們步入一條——僅僅一條——正確方向。答案是什麼？我還說不出所以然。但只要你記住，我們在莫格街的老屋搜索到的種種，足夠讓我知道癥結所在……我已找到了！」

四

杜萍向我分析他的見解：

「讓我們再把彼此的觀點陳述出來。當我們到了兇宅時，那兇手已經幹完了。我們首先要怎麼辦呢？就是要找出兇手逃走的路線。對！我們不要節外生枝或強言附會，重要的是要找出最自然的發展情形。很明顯的，兇手是從那女兒的屍體被發現的房間逃走的。同意嗎？

「後來鄰人爲了進這房間而破門進入。證明房間沒其他門，壁爐上的開口不夠大，而靠頂邊的小孔是專爲小動物進出設計的，所以兇手只可能由窗戶逃走的。

「你是知道的，屋裏有兩個窗戶，分別座落在兩個位置；打開一扇窗戶，另一扇就昇離地面一半；一扇明顯，一扇隱藏在大床後面看不見。我仔細觀察了這些窗戶的關鍵部分，它們都像門一樣緊緊的反鎖，爲了要封牢窗戶，已用大鐵釘從窗邊的木條

部分釘死，這樣窗戶就升不起來了。我使出九牛二虎之力未見窗戶開啓，想必兇手也徒勞無功。

「我走到第二扇窗戶，看到了藏在床後的下半部分，木條上也有釘子固定。我想不移動床也能打開窗的，但卻怎麼也打不開。

「我未停止尋求答案，爲使不可能成爲可能。兇手們——我想，也許兇手只有一位——他從其中一個窗子逃走的，我深信兇手離開臥室後能從外面把窗戶關上；但他無法從裏面鎖住，任何人皆能看到釘子緊緊釘住窗戶，但到底兇手是怎樣把釘子釘回原來地方呢？」

「也許——如果你從外面……」

「對！這就是我所想的。我回到第一個窗子，盡最大力量取下釘子，然後再設法把窗子升起，但窗子一動也不動。這並不足爲奇，我想在窗內一定是有暗鎖。我用手指仔細的摸索了一會，果然不錯，找到一個按鈕，毫不費力把窗子打開。

「現在我知道了兇犯可以從窗外把窗子反鎖起來。我小心翼翼的又把釘子釘回原來的位置，然後壓下按鈕試圖升起窗子。但不能，釘子緊緊的將窗子固定著。」

「因此……因此兇手不可能由這扇窗戶出去。」我說。

「他不可能由此窗離去，所以是由另一扇窗戶出去的，而那扇窗也用釘子釘牢著。必須找出兩扇窗有何差異，因爲我相信兇手是由這扇窗逃走的。第二扇窗的釘子看起來與我剛才那扇窗相同，我移開床位，靠近觀察。啊！這也有個按鈕。我深信自己的預感，所以就不再動釘子，壓下按鈕想要升起窗子，果如所料的，窗子升起了！我拿起一隻容易拔起的釘子，發現它已銹壞。但是我一放回原位，又像是完整無缺。

「現在我內心已能勾畫出當時所發生的事情：一個炎熱的夏夜。最初兇手來時發現窗戶是開的——這是爲了新鮮空氣的流入——他就是由此進出的。走的時候鎖緊了窗戶，也許有意，也許無意。窗戶內的暗鎖緊扣住就似乎是被釘子固定了；如果說故意用釘子把窗釘起來，這種可能性不多。

杜萍好像一直在自言自語，並無視我的存在。他陰冷的眼神似乎隱藏在內心。現在，他直瞪著我，目光堅定而明亮，我了解他用那種非常尋常的推論力破解這件血淋淋的案件，能給他莫大的成就感。

「杜萍，窗戶在四樓，離地這麼遠。即使有一道開著的窗戶……」

「當然！這是有趣的問題，兇手如何經窗口下到地面呢？我曾十分肯定兇手的確從某些我們不知道的地方逃走，查清這點，就可以知道到底兇手是誰？

「當你和我最初到了莫格街上的那棟房屋時，我們曾繞了一週。那時我注意了很久——一支小小的避雷針，從屋頂通到地面，一根金屬柱子，把在夏天來自雲端的電極引到地面上。那時我想到他也許從這柱子爬上爬下，而進出窗戶的。雖然小動物可以輕易上下，但這人一定很壯，非常人所能爲——只有經特殊訓練特殊能力的人才上得去。這使我描繪出更多的兇手形象，但我仍存有疑問：兇手是誰？」

五

我們再到四樓那間房間走一圈，且回憶著昨日尋查的現場，思量當時現場的慘狀。於是有了疑問，爲何兇手只拿幾件衣服而留下錢，從銀行提出的錢幾乎都還裝在袋裏。

「我要爲這個疑問而否定警察所陳述的那一套觀念，當他們聽到錢是怎樣在案發前三天被人帶進來時，他們就一直以爲本案的動機是爲財而謀殺，但那只不過是平時所謂的『巧合』罷了——兩件事情不約而同地發生，不過是巧合的機率問題，而非有某種原因把它們湊在一起的。在我們平日生活就常有巧合之事。如果錢財是謀殺案件的動機，那麼這人未免太笨，竟忘了拿錢。

「現在咱們再仔細審視案情：一個女孩被強而有力的手勒死，然後屍體置於壁爐

的上方，頭朝下。以前未曾有過這種案例，這行爲有幾點不能符合人類所能有的那種蠻力。想要把女屍安置在被發現的地方，至少也得數個男人的力量才行！

「況且還有幾個類似這種恐怖蠻力的跡象——壁爐前掉了不少灰色的人髮，是從老婦的頭上拉下的。看看地上的頭髮，再看看那灘血和頭殼，我們就可以了解用這種力量可以一次拉二、三十根頭髮。再者，老婦人的頭幾乎全斷了，爲什麼？用刀子殺死女人並不需要砍斷她的頭啊！

「如果把所有因素都考慮進去——包含室內狀況——我們可以歸納出，兇手比人類孔武有力；比人類放蕩輕率，且沒有理智；有人類想像不到的殘酷；那聲音無人可以聽懂。最後你會得到什麼結果呢？我這麼分析又幫助了你發現什麼東西呢？

當杜萍說及「一個……失去理智的人」時，一陣不寒而慄湧上心頭，我回答：「瘋子！瘋子！只有瘋子才會做出這種兇殺案！」

「我想不會是，在某種情況下你的判斷還滿有理，但是瘋子有某一個國籍。縱使他們的叫聲毛骨悚然，也是文字組成，其中的某些字應該還是可以聽清楚的。

「快來看！這撮從婦人手指取下來的毛髮，並不像是人的頭髮，你認爲呢？」

「杜萍！這毛髮……這毛髮不是人類的！」

「先看這張指紋，這是她女兒頸部傷痕的指紋。讓我們把指紋圖攤在桌子上，試著把手指和女孩頸上的指痕重疊。」

「我吻合不了！」

「不！也許我們沒有合對，紙是平攤開在桌上，而人類的頸子是圓的。這裏有根木頭和女孩的頸差不多粗，把紙圍住木頭再試一次。動作快！再試一次！」

我用手指圍住木頭，和圖形上的指紋做個比較，但我的手並不如兇手留下指痕的那般大。

「杜萍，這不是人的指痕！」

「是的，這不是人類的指紋，我幾乎可以確定這是一種出產於婆羅洲的長臂巨猿留下的，牠是一種住在原始森林中的似人動物，體型大、有力，其野性眞是駭人聽聞。現在看看這本法國博物學家邱維埃所著的書，看看這幅照片。」

我突然間感到杜萍判斷的一切都對。毛髮……手型……驚人的力量……殘酷手法……非任何言語的聲音……每種東西和杜萍的判斷都那麼地合理。

不！不完全合理，第二種聲音又是誰發出的呢？

「我們可以判定是某一個奇而有力的人從小柱子爬上去，到四樓的窗沿才進到屋

裏——也許是一種動物、也許是從馬戲團來的強人、也或許是水手。我們現在知道那兩種聲音的其中之一是動物的叫聲——長臂巨猿。另一聲則是人聲，只用法語說出了『我的天啊！』幾個字。

「雖然已得到這麼多癥結所在，但我無法再推測下去了——吶喊也徒費神。如果那位說法文的人不是幫兇，他會回此地的。」

於是杜萍拿了報紙，教我看下去：

招領——本月七日清晨，捕獵巨猿一隻。其主人據獲悉是位水手，如果失物者能證明巨猿是他的，就能帶回巨猿。

「嗯！杜萍，你怎知那人是水手呢？」

「我也無從確定，只是推測罷了。水手才有本事爬得上房子旁的柱子。而且水手周遊各地，見識廣，只有他們才能得到像巨猿之類的怪物，大概錯不了……」杜萍想了片刻，「水手可能會自忖：『這種動物很值錢，何不把它抓回來呢？警察不知道牠殺了兩個女人。況且在巴黎確實有人認識我，若不去捕回歸籠，人們就要懷疑了，我不希望誰對牠有懷疑。看情形我最好把牠抓回來關起來，直到風聲過去。』我相信那水手會這樣做。嗯！注意！樓上有腳步聲。」

杜萍打開左前門，訪客還沒有按鈴門就開了。

杜萍用一種強撼而親切的口吻說：

「朋友！請進！請進啊！」

進來的是位水手！

六

現在人來了，我和杜萍都覺得驚訝，難到就是這位？

不錯！進來的人就是一個水手，是個體格健壯的人；手握一隻粗木棒——不是槍。用法語對我們說「晚安！」

「朋友！請坐，我想你是來找回巨猿的吧！無疑的，牠是很貴重……你認爲牠有多大了？」

「大約四、五歲左右，牠在你這裏嗎？」

「不！不！這裏沒有可容納牠的地方，明天早晨你才能領回。不過你要證明牠是你的才行。」

「當然！當然！」

「我眞希望也能擁有牠。」

「我期待著牠回來。哦……當然，無論如何，我還是會付給你保管費和尋找費了！」他說的輕鬆，若無其事的樣子。

「這……太好了。讓我想想……對了！你把所知道的莫格街上謀殺案告訴我好了！」

說時遲那時快，杜萍話一說完，就把門鎖上，並將鑰匙塞入口袋。同時從大衣中摸出一隻手槍。水手的臉色馬上變紅，手握木棒跳起來；但是，片刻之間卻又面無血色地跌坐在椅子中顫抖。一言不發，緊閉雙眼。

「這位兄弟，請不要怕，我不會傷害你，我們都知道你不是兇手。不過你認識兇手或是巨猿倒是眞的。

「你甚至在案發時一文錢也未動過。沒有理由不說明眞相。」

「相信我！我……我會把所知道的告訴你——但並不奢望你相信一半——我未曾殺過人，兇手就是那傢伙！那隻巨猿！

「約一年前我們的船開到遠東婆羅洲島，在此之前我未曾到過該島。那兒到處是古木參天的原始森林，各種植物林立，並且炎熱、潮濕、陰暗。一個朋友和我進入那

森林——爲了好奇。就在那裏發現巨猿，一個龐然大物。兩人把牠給捕抓起來，用自己的船運回。由於巨猿太大，引起了不少麻煩。

「後來，終於把牠帶回巴黎，關在自己屋裏，把牠關得緊緊的，鄰居都不知道。我想到，如果把他出售，必定很值錢，而且養起來太麻煩了！便決定立刻賣掉。

「謀殺當晚，已是深夜，我回家時發現牠在我臥室裏。牠得到解放把我驚住了，前臂還拿著刀玩弄。我嚇得不知如何是好。牠看到我便衝下樓，由一扇開著的窗戶奔向街道。雖然我不奢望再抓到牠，但仍然追著牠跑；刀子還在牠「手」裏，並隨時回頭看我，等我快追上時牠又跑了，牠似乎在戲弄我。

「接近清晨時，街上還是一片黑暗寧靜，我們穿過莫格街那間房屋後面，那巨猿看見那上面窗戶打開而且有燈光——這是那時所看到的唯一光線。牠看到有根金屬柱，便輕快的爬了上去跳入房裏，這一切事情不過數分鐘而已。

「我緊張得手足無措，想不出法子去解決。因爲我是水手，爬竿並不難，只好跟著牠上去。雖然窗離金屬柱很遠，我還是心驚膽顫地跳過去。那屋子的窗子雖然關著，卻能看清裏面的情形。

「有兩個女人背向窗戶，正坐在那兒。誰曉得她們爲什麼在那時還不睡，地板中

央有個盒子，裝了很多文件。兩個女人好像在研究那些文件，沒看見旁邊有隻大猿猴手握著刀子，盯著她們。後來那年紀大的聽到了聲響轉過頭來，牠手上的刀子就……就……然後我聽到一聲恐怖的喊叫。

「當那隻大猿猴聽到老婦人叫聲便抓起她的頭髮，用刀子慢慢在她面前揮動。她女兒嚇得跌在地上動也不動，雙眼緊閉。老婦人沒命地嘶喊救命，我想那大猿猴當時一定和那女人一樣恐懼。牠用一種近乎神力般力量抓起老婦頭髮，由血淋淋的身體拔開，然後抓起那女人在臂上揮動著，直到她的頸子快斷時，才扔下屍體。正當那時，牠看到她女兒也恐怖的盯著牠。牠一怒之下衝了過去，用那有力的五指掐住她頸子，直到她氣絕爲止。

「那女孩一動也不動時，牠把她丟在地板上，然後牠看到我在窗上，便開始無目的在屋內狂奔，跳上跳下，打破椅子，推動床鋪。又突然停止，抓住小女孩的屍體似乎想把她藏起來，牠用奇力把屍體放在後來發現的那個地方。又把老婦屍體丟向窗子這邊。

「此時，我正待在金屬柱上，嚇得渾身發軟，當我看到巨猿提著老婦屍體丟向窗子這邊，我更感到恐怖了。馬上滑下柱子——還險些摔下來。跑啊！頭也不回，天啊！

沒命的跑！」

局長對於這神秘案件是被一個非警員來破案，感到不愉快，他說那人應做他本分的工作。那人根本撈過界了，讓警方顏面無光。

杜萍說：「隨他去講！他是好人，講出來會舒服些，因爲別人稱他是有手腕、有機智的人。

「我認爲他那幾招老套，不論在何處都永不能破案，而我那些方法在局長眼裏，都是不可思議的。」

後記：坡完成了「鬧市孤人」後，繼續著手這篇故事。

這其間，還出現了不少偉大的作品，這種推理的小說可謂是後世偵探小說之鼻祖。

故事中「杜萍」是偵探英雄，在許多他的小說中都出現過。

若沒有杜萍此人做模型，也許英國作家柯南．道南就不會創出大偵探家雪洛克．福爾摩斯。故後世文壇稱愛倫坡是「首席推理小說鼻祖」，真是實至名歸。

本篇作於一八四一年夏天，並在晚報上發表，曾震驚一時。

黑貓

「明天我會死！明天我會死！」我確定預言，明天就是我的死期。

今天，我要向舉世陳訴我的經歷，也許如此才可以把我的靈魂，從恐怖的籠罩中解放出來。請注意聽！請注意！你將知道我是怎麼被毀滅的。

童年時我有一顆純眞的心靈，它使我愛護各種小動物，尤其是衆所熟悉的寵物；牠們已能和人類共同生活，分享人類家庭的溫馨。

我非常早婚，懂得與妻子共享那來自動物給予的歡樂，我們養了幾隻最可愛的小動物，有——鳥、金魚、一隻小狗和一隻貓。

這隻貓是一隻特大種，全身黑色而美麗的寵物。我叫牠「閻羅王」——是我最疼愛的小寶貝，所有寵物中，我只樂於養牠；牠常跟著我在屋裏團團轉；牠也喜歡跟我到街上穿梭，有時要阻止牠的跟隨，反而是令我困擾的事情。

我和貓的情誼便如此親密地維持了幾年，這幾年間，我的個性改變極大：開始沽酒買醉，甚至飲烈酒；個性欠缺了愛，變得易怒，而遺忘如何面帶笑容。我太太——

對了，除了貓之外，她也是我的心肝——因我性情的轉變對她有莫大的影響。

有一次，我在酒館大醉，很晚才回家，踩著搖搖晃晃的腳步，瘋巔地向家裏奔進。一進門就看到——那隻閻羅王。貓，正想擋住去路。我認爲最愛我的動物竟有這種行爲，使我暴跳如雷氣焰高漲。我從大衣裏拿出小刀，抓起牠可憐的頸子，乾淨俐落地把那雙恐怖的眼挖掉一隻。痛恨的把牠丟在地上，而我餘怒久久不消。

貓，慢慢地復元，只是牠不再來煩擾我，眼眶那個窟窿再也看不清可愛的事物了！很明顯地，不論何時我靠近牠，牠就會恐懼地逃離我，牠不應該逃嗎？這反叫我生氣，我內心開始醞釀一種感覺……牠不死，就是我死，但我沒有死的理由啊！

一個冷冷清清的日子，我在貓頸上繫了一條堅韌的繩子，牽牠到屋底一個密室，吊在樑上，直到吊死了爲止。我含著淚吊死牠，我之所以這麼做是牠太愛我之故，冥冥中，牠要我以「莫須有」的罪名來扼死牠……潛意識告訴我：自己已廣積罪孽，犯了滔天大罪，我的靈魂永遠得不到神的愛了……

就在這天晚上，我正要入睡時，從窗外傳來鄰人的哭聲。我從床上跳了起來，發現房子著火，我和妻子慌忙中逃出來。

當我們站在屋外時，只能莫可奈何而又悲傷地看著房子，一磚一瓦終化爲灰燼。

正在著火時，驀然想起了貓，牠的屍體還掛在地下室裏，莫非是貓用一種神秘的力量燒毀房子，要我對自己的惡行贖罪補償？是牠向我報復了。

幾個月過後，我還是無法把黑貓的影子從心中驅走。一天晚上，我如往常地坐在酒館喝酒，看到牆角有一個未曾留意的黑色東西；我走過去看個仔細，原來是一隻貓——一隻和閻羅王幾乎一樣的貓。我用手撫摸牠，愛撫牠，我的手輕輕的滑過貓背，牠卻弓起了腰。

突然，我覺得需要這隻貓，於是對酒館主人提出買賣，但主人說從未見過這隻貓。當我離開時，牠尾隨而來，回到家後，牠立刻成爲我們夫妻之間的寵物。

我帶牠回來的那個早晨，就覺得牠很像閻羅王——獨眼貓。內心已有不安的感覺，我對牠不悅的態度似乎使牠更喜歡我，無時無刻不跟隨著我；我坐下，牠便蜷縮在椅旁；我站起來，牠便蹲在我兩腿間，險些絆倒我。不論何時何地，只要我在那裏，牠就在我身旁。我心中浮起一種意識，「愛我太多，是一種罪惡」。

那一夜，我夢見牠，從此就漸漸恨牠。

一天，妻子在老房子的地下室叫我，那是我很勉強去的地方。下梯子時，貓一直跟隨在後，險些絆倒了我。

我頓時火冒三丈，拿起一把刀便狠狠地刺向貓，此時我太太立刻伸手阻止我，這個舉動更使我火上加油，我毫不思索地把刀尖向她心窩刺戮，她一聲不響地倒在地板上，死了！我還來不及反應自己做了甚麼事！而事情已經發生了。

我還花了點時間去找貓，但牠已消失無蹤。我得處理這屍體，而且要立刻動手。靈機一動，我注意到地下室的牆壁上，有一處是作廢的舊灶；牆並不太牢固，我想那些石頭可以輕易地取下；牆後有個洞正好容得下屍體。

我費了九牛二虎之力，終於把她弄進去，再把石頭堆回原處。沒有人能看出這一帶石頭被動過，事後使我非常滿意。我知道我幹了驚天動地的事，但我若無其事。

日復一日，依然沒看到貓。

不少人登門問起我太太，我都三兩句話敷衍了事；直到有一天，幾個警察來了——相信他們看不出破綻——我就讓他們進來。

他們從地下室的一端找到另一端。我冷靜的旁觀，預料他們是不可能有收穫的，但當他們要上樓梯時，我像是被一種力量駕馭著，想讓他們知道什麼事似的，於是爲使他們知道我已打勝了這場仗，我說：「這種建築物的牆很牢固，這是一棟頂不錯的老房子。」我說完後，就用手杖敲擊著有屍體的那面牆。

突然之間，我們聽到一聲淒厲的怪叫從那牆裏傳出，我不禁感到一陣抖顫。冷風襲上心頭，使寒毛盡戴。

那些警察互相注視片刻，然後開始搬動石頭。不一會兒，我太太的屍體就擺在他們眼前：凝固的黑血、腐敗的氣味和佈滿憤怒的眼睛……

打開的牆口，沾滿血漬，口上正坐著那隻——獨眼貓，是牠叫出了「報復的呼喚」。牠是誰？牠不是明明死了嗎？是我親手吊死的，而現在……

後記：本文呈現出陰森、淒慘、詭異之氣氛，令人不寒而慄。題材雖不突出，但描述之高明，把意象昇華至最高境界，留予人深刻印象。

因酗酒而使當事人心中佈滿怨怒與矛盾，甚至幾近「變態」；因憤恨貓，而挖攫牠的一隻眼睛，是對他妻子殘忍的精彩伏筆，並於文末，以黑貓替牠女主人和自己報仇為結尾，更耐人尋味了。

情節大弧度的轉變，並用「轉位」技巧，在當時真是可謂大空前。

本文於一八四三年八月刊載費城「莎坦聯合雜誌」

分屍案的怪客

不錯！我已經病了，而且病得很重。但你怎能說我心態失常？怎能說我是個瘋子？難道你不知道我還能自制嗎？坦白的說，這個病使我心志、感覺、意識的感受力更加強烈；尤其是聽覺特別靈敏，可以聽到以前從未聽過的聲音——來自地獄和天堂的聲音。

注意聽著！我將告訴你這件事情的發生經過，你便知道我的精神有多麼健康！這世界無一人能聽到來自地獄或天堂的聲音，只有我，且只有我一人能聽到。

想要敘述這件事情如何進入我腦海，簡直不可能；因爲我的作爲都是沒有理由的。我並不憎恨那老人，甚至還很喜歡他；他未曾傷害過我，只是我認爲他的眼睛像一對貪婪的禿鷹眼，那恐怖的鷹眼期待地注視任何一隻即將死亡的動物，然後撲向屍體，以狼吞虎嚥之勢將它吃個精光。這種場景，有誰見過？

當老人用那對禿鷹眼注視我時，一陣冷冰冰的感覺爬上背脊，連血都涼了。所以最後，我決定要幹掉這老頭，永遠關閉那扇「恐怖之窗」！

如此，你就認爲我瘋了？一個瘋子是不會計畫的。你應該已看到那幾週裏，我是

盡可能對老人友善，給他溫暖和愛心。

每晚的午夜十二點左右，我輕輕的打開房門，門只開到足以把手和頭伸進去。我手持一盞用布遮蓋的燈，如此，光線才不會太強烈。我靜靜地矗立著，再小心翼翼地掀起那塊布——一點點地——只讓一線燈光照在他的眼睛。七個漫長的午夜都是如此，而他的眼睛一直閉著，但是，我並沒有採取任何行動，因爲我要殺的並不是那老人，而是對付魔鬼似的眼睛。聽好，我不是要殺人，我是要殺魔鬼，殺魔鬼有罪嗎？

每天早晨，我到他房裏禮貌地請安，問候他昨夜可睡得好，他絕對想不到每晚的午夜都有人在窺探他。因爲我的動作都是輕輕的，溫柔的。

到了第八個晚上，開門時比以往更加小心，時間靜悄悄的飛逝。在以往，從未感到有如此強烈的膽識，我確信今夜會成功。

正躺著的老人作夢也想不到我會在他門口出現，突然，他在床上蠕動了一下。此時，你可能認爲我會害怕，其實不然。我的冷靜、安定，有超常的功力。

室內一片漆黑，伸手不見五指，他根本看不見有人正在開門。我繼續推門，慢慢的，輕輕的。我先探頭，再以拿著燈的手伸進去，突然老人坐了起來，叫聲「是誰？」我動也不動的站了一小時之久，他並沒有再躺回床上，而是坐在床沿傾聽動靜，

然後我聽到一陣低沉而可怕的哭聲。現在我知道了他正帶著恐怖的心情坐在床上，他曉得我站在這裏，只是看不到我，聽不見我任何動靜，只感覺我的存在，他知道死亡已經慢慢地走向他了。從空氣中，我就能感受到他的恐懼、他的抖顫。

緩緩地、一點一點地拿開燈罩，一絲光線驀地照射出來——照在兀鷹眼上，那雙眼睛睜得大大的，那一束目光瞪視著我，引起我的憤怒。我看不清老人的臉，只看到了眼睛，那死硬的藍眼睛，令我的血液和冰一樣的寒冷。

我不是說過我的聽覺有不尋常的靈敏度嗎？現在我聽到了一種快速而低沉的空寂之音，像隔牆聽時鐘的嘀答聲，其實那是老人心跳的聲音。我努力靜靜地站著，但聲音卻越來越大、越大越響，老人的恐懼已暴露無遺了。然而聲音越大越激起我的憤怒和痛苦，終於超過了我忍耐的極限。在靜謐的黑夜，安寧的寢室中，憤怒化成恐怖——心跳聲足以被人聽見了——「怦怦、怦怦……」

終於，時候到了，我吼著「殺死你！殺死你！」衝入屋裏，當我奔過去抓起床單緊緊地裹住他的頭時，老人沒命地大喊大叫……

當我感到成功快來時，我笑了。過了幾分鐘，他的心臟還在跳動，最後終於不跳了，老人死了！我拿開床單把耳朵靠近他的心口，不錯！沒聲音了。他已死了！死得

像一塊石頭，他的眼睛不再讓我驚懼了。

就這樣，所以你說我瘋了？你該知道我是多麼小心翼翼地處理屍體，先砍下他的頭，再砍下手臂和腳。細心的不讓一滴血沾在地板上，我從地板上撬起三塊木板，把支離破碎的肢體擱在裏面，再鋪好板子，謹慎到無人能發現地板曾被動過。

當我的行動都完成時，聽到有人來到了門口。那時正好是凌晨四點，四周依然一片黑暗。我毫無畏懼地把門打開；外面站了三個人——警察。鄰居聽到了老人的叫聲才去叫警察。

我請他們進來。告訴他們那叫聲是我自己的夢囈，老人已去拜訪一位鄉間的朋友。我帶他們逛遍了整棟房子，任他們四處搜索。最後他們進入老人的臥室，我以賭博的心情請他們坐下來談一會兒。

我冷靜而從容的態度，使得警員對我編出來的故事信以爲眞，彼此之間談得相當投機。雖是談話對答如流，但心中還是希望他們早點走。我的頭部開始不舒服，耳朵奇怪地嗡嗡作響，我的話說得越多，那種聲音變得越加清晰，而他們還坐著聊天。

突然我明白那聲音並不只存在耳內，當然更不只在我腦袋裏。傾刻之間我的臉變得蒼白，講話聲更大更快，那聲音也跟著強烈起來，一種快速而低沉的聲音。

警察怎麼還不走呢？那種聲音來自那裡？對了！我聽到來自地獄的聲音。

聲音越來越大、越來越響，我奮力站起來在屋裏踱圈子，還把椅子在地板上弄得吱吱作響，企圖用躁音壓制那可怕的聲音。

我再度加大了嗓門，警員還是無動於衷地在那談笑自如，他們可能聽不到嗎？

不！他們已聽到了！我相信，他們都聽到了！只是他們要和我一賭輸贏。他們的笑容和怪聲音已使我不能再忍耐了……「怦！怦怦！怦怦怦！怦……」突然我衝破了內心壓抑，指著木板，叫：「是的！我殺了他，他就在地板下面，你們看！我殺了他，但爲何他的心不停止的跳動呢？怎麼不停息呢？！」……「死人還有心跳嗎？」……

後記：本文在一八四二年年底就開始起草。寫此篇的數月前他剛完成「瑪麗．諾傑奇案」，他整個心靈充滿了奇特的殘忍鏡頭，熬出了這些邪惡怪誕的想法。創作出這恐怖、刺激之佳品。心理分析言，本文亦被視為向父親報仇的故事，那位被犧牲者，乃愛倫坡的養父約翰愛倫（John Allan），而他那隻可怖的眼睛，則是報復性閹割的一種表徵。

一八四三年元月詹姆士．羅素．羅維爾開辦的新月雜誌發表本文。

酒之祭者

霍特納土老愛惡意地尋我開心，他是在諷刺我這令人驕傲的名字，蒙脆索——一個有榮顯名聲古老家族的名字。我決心要叫他吃苦頭，給他點顏色。我的辦法誰也料想不到，也不會對別人提及。我一定要他對自己的行爲付出相當代價；我處理這件事很小心謹愼，使我不致自食報復行爲的後果。

有人損我一分，我必使他失去萬分；有人膽敢讓我不爽，我必使他的世界毀滅，這就是我，「我錯了嗎？我錯了嗎？」

我在霍特納土面前還是擺出一副笑臉，使他不會對我產生懷疑，更不知道我的微笑是一種復仇的信號。我做的很自然，就像兩人是好朋友。

霍特納土是個強人，令人畏懼的強人。但他有一個弱點——嗜酒如命，所以他認識許多名酒，並且驕傲地自以爲是個訓練有素的「酒品鑑定者」。我也懂不少陳年老酒，我想，利用酒給他誘惑，一定能幫我完成報復的心願。

一個春天的夜晚，我在街上遇到霍特納土。他對我寒暄之親切遠超過平日，因爲他飲了過量的酒。我裝著很高興見到他，握著他的手有如摯友一般。

「霍特納土，你好嗎？」同時展現親切的笑臉。

「晚安！蒙脆索。」

「哦！親愛的霍特納土，遇到你眞是太高興了。我正品嚐一種新酒是阿蒙鐵拉度，不過……」我話說一半，這是有策略的。

「阿蒙鐵拉度？你不可能得到它！」

「據我所知，那似乎是不可能，但我找不到你來鑑定，所以正在向路琪來西打交道。如果說有誰認得這種酒的話，那就是路琪來西，他會告訴我……」

「路琪來西？他才不認得這種酒！」

「但傳聞中，他和你同樣對酒內行。」

「啊！來，咱們走。」

「去那裏？」我故意問的，我的心理戰策略第一步成功了。

「品嚐那種酒。」

「不！朋友，不可以，我看得出你並不舒服，而且地下室寒冷而潮濕。」

「那我可不管。走！我過癮就好了。冷也沒什麼大不了。」

阿蒙鐵拉度啊！有人想和你較量。還有，路琪來西！嘿！那種對酒一無所知、什

麼都不懂的人。」

他喃喃自語說完了，便抓住我的手臂，催我到那華麗的石砌大宮殿——那是我的家族，我們已住了幾世紀。此時，沒有一人在家，我告誡過僕人，在第二日清晨我未返回之前，要好好看顧大殿不得離開。不過我敢肯定，只要我一轉身，他們都走光了。

我從牆上拿下兩把正熊熊燃燒的火炬，一把給了霍特納土，然後，引導他到一個寬大的入口，一條石階路直通到盡頭的幽暗處。我走在他前面，並叮嚀他小心跟上，兩人一直往地下深處走，走向大宮殿的底部。漸漸地，我們走進蒙脆索老家族移靈之處，這個寒冷、黑暗而平靜的地下室是儲藏好酒的地方。

霍特納土因爲已喝了不少酒，所以身子開始搖搖晃晃。他恍恍惚惚地注視四周，想要看清這間包圍著我們、陰冷而幽深的地下室。牆邊堆放著大把死人的屍骨，而牆壁的石頭陰冷而潮濕。幾百年來，家族先人遺骨全堆在這，到處都有。

地板上的骨頭堆裏有許多酒瓶，我隨手選了其中一瓶，裏面裝有香醇的好酒。

「來！霍特納土，來一點這上等的梅度克酒吧！它能溫熱你的體溫。來！乾！」

「謝謝你，我們舉杯向沉睡在四周的逝者敬賀。」

「我祝賀霍特納土長命百歲。」

「啊！眞是好酒，太好了！不過——阿蒙鐵拉度呢？」

「等一下就有了，跟我來！」

我們又走了一段時間，現在是身處河床底下，水從上面滲進來。我們走得越深則有更多的白骨出現。這些都是我老祖宗的老骨頭，早已不知道誰是誰了！

「你們的地牢太長太大了，像是走不完似的。」

「別忘了，我們是個古老而龐大的家族。目的地快到了。我看你冷得發抖，還是別去了，你現在回去還來得及。」我使出激將法。

我自骨堆中又拿起一瓶，是特種美酒德瑞佛。霍特納士拿去一口氣幹個精光，他笑了，把空瓶子從肩上扔掉。

再往前走，終於到了一個空氣稀薄而沉悶的地下室，火炬險些熄了。很多骨頭沿著三面牆堆得比我們還要高，有人把在第四面牆的骨頭推倒，丟得滿地都是死人骨頭。牆中間開出一個小洞，約有三尺寬，六、七尺高，可能有四尺深。

我說：「進來！阿蒙鐵拉度在那裏面。」

霍特納士心裏懷疑地不斷向前走，我緊跟著他後面，他當然是一下子就走到了石室最裏面；他站了一會兒，既驚訝又懷疑地看著牆壁。石室門口有兩個大鐵環，和一

把鎖。霍特納土還未及有所反應之前，我已扣上鎖把他緊緊的關在裏面。

「霍特納土，把手靠在牆上，你會感覺水是怎樣流動。我不是一再問你回不回去嗎？如果你不回去，我便一定要留下你。你有什麼後事要辦儘管說，我會盡力而爲。」

「但是……阿蒙鐵拉度呢？」他尙不知究竟。

「哦！對了，阿蒙鐵拉度！」

當我說完那句話，便開始在骨堆裏尋找，把以前倒下來的屍骨都甩在一邊，找到了一瓶酒。而後我開始築牆，把牆中小洞塞好，霍特納土在那裏發抖。

「蒙脆索！你在幹什麼？」

我逕自做我的事，還聽到他推鐵鍊的聲音，勇猛地震動著。我把幾塊石頭放回原處。也開始意識到，是不是大禍臨頭了，他開始慌了！

「哈！哈！蒙脆索，這眞是天大的玩笑了，許多次——大家聚在一塊兒喝酒時——哈哈……」我有些樂得失常、失控，當然，達成目的了，逛歡也是對。

「當然，尤其是痛飲阿蒙鐵拉度的時候。」

「我們應該回去嗎？他們正等著我們。咱們走！」

「對！咱們走！」

說完我把手上一塊石頭放回地面。

「蒙脆索，看在神的份上，發發慈悲吧！」

「好！看在神的份上！」

我沒聽到他的回應，「霍特納土」我輕叫著。我只聽到一陣低沉沙啞而帶些恐懼的哭叫聲，我的心情開始變得不對勁，一定是太冷。我急忙用力使最後一塊石頭歸定位，並把那些老骨頭裝入桶子堆到牆邊。

還記得我說過嗎？有人損我一分，我必使他失去萬分；有人膽敢讓我不爽，我必使他的世界毀滅，我錯了嗎？我未失手過。

整整有半個世紀沒有人去摸過那面牆，他也許靜靜的安息了。神不知，鬼不覺。

後記：是敘述一位老年人回憶著五十年前，因不滿他的朋友而設計謀害，那個被他活埋已有五十年的人竟沒有人知道。就心理分析言，本文被視作向父親報仇的故事，酒窖象徵「女人肉體的內部……其中住著妄想的極度迷醉，因而變成復仇的工具。」

本文作於一八四六年十一月。並在「高迪婦女雜誌發表」。阿蒙鐵拉度是西班牙名酒，依意譯成「酒之祭者」。

雷吉德山脈傳奇

一八二七年的秋天，我住在維吉尼亞州的沙羅特斯威爾鎮附近，偶然結識貝德羅先生。他不僅傳奇，而且神奇，我慢慢來說這個人。

這位年輕人在各方面都很優秀，他的興趣和好奇心很令人精神振奮。

但是，我發現他不論那方面都很難能理解，對他的家庭背景更是毫無認識。他來自何處？也無從探知；甚至他的年齡——雖然我稱呼他為年輕的紳士——但這些疑問總把我糾纏得很煩。我心頭總存在著：他是誰？

他的確是一個年輕人，尤其是他的皓齒和明亮的眼睛。但有時你會發現他的相貌很奇特，他異常的又高又瘦，經常撐著一副佝僂的身軀，擺盪著超長的四肢，顯得瘦弱而憔悴。前額寬而低，蒼白的皮膚毫無血色，兩片柔軟的雙唇夾著一張大嘴巴，牙齒雖然不很整齊，卻比誰的都健康。

他笑的神情也並不快樂，甚至可說是裝出來的，不過他無論如何都不會有太大的變化。這是屬於一種思想深沉的憂鬱性——毫無變化的狀態與不斷露出著悲悽。他的

眼睛相當地大，圓圓的，像貓。

許多年來由一個大約七十多歲的老紳士，名叫譚普頓醫生的人在照顧他——是貝德羅先生初次到紐約東部的薩拉多加鎮時所認識的，由於譚普頓的細心和耐心，使貝德羅受到很好的照顧。等貝德羅發達致富之後，對譚普頓也有一番安排，每年都給予高額的津貼，而他承諾供獻精力與醫術經驗去照料病弱的人。

譚普頓年輕時候是旅行家，不過當他在巴黎時卻在興趣上有大幅度的改變，專門從事催眠術的學理研究，在藉催眠治療以減輕病人痛苦上有極大成就；由於這成就感的激發，使他對臨床經驗和醫術見解有相當的信心。

這位醫生像其他熱心的人一樣，致力於講學，把自己的思想灌輸給學生們，最後他也達成目的，誘使患者提供無數次的實驗。

依我判斷，譚普頓和貝德羅之間已逐漸滋長一種明顯而強烈的信賴，那是種受術者與施術者的關係。我這樣說，好像他們的關係是很不正常的。

施術者不可能一下就使被催眠者進入情況，必須經過不斷努力之後，才能使病人意志被醫生屈服。我曾嘗試過兩次，睡眠簡直成了瞬間之事，只須施術者少許意志力的催化，病人就能完全沒有知覺了。

到一八四五年時，這種酷似神蹟的現象已被每日數以千計的人們證明過，我敢說，這種平常認爲不可思議的事，已成爲一種嚴肅的事實。

貝德羅的性情具有高度的敏感、衝動與熱情，想像力充沛且富創意；實際上他是經常從服食嗎啡中獲取這種異常的力量，他有時會大量嘔吐，但他不用此法引出這種感覺，就簡直活不下去。

早餐後服用一大帖是他的慣例，有時先喝一杯濃咖啡再服用。然後在早上都不吃任何東西，只是單獨出門，或帶隻狗去溜達，在一大片的山坡和荒涼的野地裏漫天逍遙，向著沙羅特斯威爾鎮的西邊或南邊躺下來，雷吉德山脈的名銜讓他感受到不少威嚴與光采。

一個陰暗、溫和、有霧的日子，已是接近十一月，在美國正是奇妙的深秋季節期間，貝德羅出去了，和往常一樣走向山區。天已經很晚了，而他並未回來。

到了晚上八點還沒回來，引起大家一陣騷動。當我們準備組隊去尋找時，他突然出現，健康如昔而且精神更爲煥發。由於這件事件，他透露一段尋幽探勝的故事，眞是奇異的怪聞：

「你們都該記得，」他說，「上午九點我離開沙羅特斯威爾鎮邁向山區，到了大

約十點，到達峽谷入口，我整個人感到一陣新鮮的氣息，帶著非常愉快的心情四處觀賞著，這時峽谷兩邊的景色宜人，沉寂寧靜，山勢壯麗巍峨，眞是難以用筆墨形容。然後我的心情漸漸感受到一陣寂寥荒蕪的光景，這種離群索居似乎是絕對超然昇華的。

「所以我不得不相信腳下這塊青綠的草地與灰色的岩石在我之前，根本沒有人類的足跡踩踏過，連峽谷入口都還保持著原始的面貌。事實上要接近它並非不可能，而我就是第一個冒險者，單槍匹馬的冒險家，曾經洞察過這座山脈的深幽絕妙處。

「濃厚而奇特的霧，是著名北美深秋裏最美的景觀。現在所有物體上都被蒙著一層濃濃的山嵐，再從物體表面散發出來，加深蕭瑟寒冷的感覺。霧中的朦朧使人飄飄然。

「前進的路上非常迂迴彎曲，到夕陽西沉時，我在回程中迷失了。但，我仍繼續走了數小時，霧在廣闊的空間裏逐漸加深籠罩著我，很長一段時間我摸索前進，渾身充滿莫名的不安——各種害怕和猶豫都有——我如履薄冰似的跨步，唯恐一頭栽入什麼深淵裏。

「我還清晰記得有關雷吉德山脈的傳奇故事，荒涼古怪的山裏，有兇暴的人種住在叢林或窟穴中。千萬個模糊的幻想，壓迫得我心情非常沉重、疑惑，由於幻想的無

知而變成痛苦。突然間，我的注意力被一陣激烈的鼓聲轉移。

「我非常的驚訝，這山上怎會有鼓聲？簡直不可思議。如果是天使的樂章奏起，我並不覺得奇怪，但是這種激烈的聲音響起，就使我異常驚愕了。頃刻之間，一張黝黑的臉、半裸的男人，叫喊著衝過來。他經過我身邊時，我臉上感覺一股熱氣。他手上拿一組鐵環製成的工具，一邊跑一邊很神勇的甩動。才以爲他消失在霧中，誰知道前面——在他後面，有一條張大嘴巴、兩眼炯炯有神的龐然巨獸朝這飛奔。我決不會看錯那傢伙，是一隻土狼。

「巨獸的出沒增加我的恐懼感，那時我認爲自己在作夢，我努力地欲喚醒自己的神智，於是很神勇的向前行，揉一揉雙眼，緊握拳頭，大聲喊叫……此時眼前呈現出一溪小泉水，淺流淙淙；在這裏，彎腰洗過臉後，才驅散了些困惑，清醒一些神智；我繼續地往前走著。

「終於，我筋疲力竭，窒息的氣氛壓迫著我，我走到樹下坐著。那朝陽軟綿綿地照過來，樹葉輕輕飄在草地上；我在陰涼底下好奇地凝視著落葉，懷疑是誰在弄散樹葉，我向上看，是一株棕櫚樹。

「我的一顆心很快從混亂恐懼的狀況中甦醒過來，我感覺可以控制住自己，並且有一種潛意識的本能把我的靈魂帶進一個嶄新孤單的境界。和風夾雜著怪味道，輕輕地吹著；我的耳朵傳過來滔滔不絕的流水聲，其中混雜許多人哼唱的喧嘩。

「我洗耳傾聽，根本不需辨別，那是驟然颺起一陣強烈短促的旋風，撕裂懸突在霧中的殘枝，像一根魔杖自天空飛來。

「我發現自己站在高山之上，鳥瞰浩瀚的平原和莊嚴的河流。河的盡頭有一座城市，像我們讀過阿拉伯神話中，那種神秘的東方之城，裏面的人都非常孤獨。我站的位置離市鎮已經很遠，是個很隱匿僻靜的地方。那裏像是張描繪的地圖，上面有無數街道縱橫交錯，有些曲折的長巷也擠滿了居民。那些房子都像圖畫一樣自然美麗，整個景觀看過去是無際的陽台、遊廊、尖塔、神廟，還有千變萬化的櫥窗。

「那兒有個充沛東方情調的市場，商店裏展示各種豐富、使人眼花撩亂的金屬製品，名貴的鑽石珠寶。此外，還看到各種旗幟和轎子，體面的貴婦緊罩著面紗坐在舁床上，打扮華麗的大象，彫刻成奇形怪狀的木偶，繫有旗號的銅鑼，眞是琳琅滿目，擾嚷喧囂，且顯得錯綜複雜而富饒。

「從擁擠的街道到河岸，有階梯直延伸到許多可以游泳的地方。因有大批裝載很重的船隻航行，而阻礙水流，水勢被迫形成亂流。

「過了城市邊緣，有大片樹林，棕櫚和椰子，還有罕有的巨大神木；到處都可看到綠油油的稻田，住茅舍的鄉下農夫，偶然出現一座寺廟，吉普賽人的營帳，或偶然走來一個可愛的少女，頭上頂個東西走向大河邊。

「當然！你們可能以爲我是在講夢話；但，並不！那是我看到的、聽到的、感受到的、思想到的，全都是眞實的自覺。剛開始，我懷疑自己是否清醒，但經過多次嘗試，我相信我絕對是清醒的。」

「我們並沒有說你在作夢啊！」譚普頓對他點點頭，「喏！繼續講吧！你進了那座城市。」

貝德羅帶著疑惑的神情繼續說著：

「正如你說的，我在那座城市出現，又離開了。半途碰到一大群民衆，擁在每條道路上，有的在做各種粗魯刺激的表演……突然有一股不可想像的衝擊力發生。我受狀況不明的影響，變得很緊張，覺得那種強烈的表現慾要爆發出什麼事情來。

「群衆開始向我包圍過來，我感到畏縮恐懼，迅速延著一條小路再進入城裏。街上充滿著喧囂擁擠和各種爭戰。

「有一群男士穿著半像印度人、又像歐洲人的外套，由一位穿英國制服的紳士帶

領，與另一群也由一個大頭目指揮的烏合之衆在街道上打混戰。我加入了較弱的一方，並拿起一個戰敗者手中的兵器武裝自己，對著一個酷似瘋子的暴徒砍殺起來。但是我們支持不久就慘敗下來，大夥兒退到一處地下室去避難，用柵欄在外面擋著，只能算是暫時的安全。

「從地下室頂上的氣孔，我看見大群暴徒，正在攻擊一座懸在河上的豪華建築。然後那建築物頂上的窗戶出現一位體質柔弱的人，他用隨從人員的頭巾綁成繩子，垂到河面；就這樣，他逃到對岸。

「而當時，我正打算發動一件事情。我向同伴做了簡短有力的演說，要大家同意我的看法。我們很快從地下室入口衝出，向包圍在四周的暴徒發起攻擊。他們最初在我們面前撤退，不久又重整旗鼓、瘋狂似的殺上來，最後他們還是敗陣下來。我們急速脫離那個避難室之後，卻又在大建築前的窄巷裏陷入混亂與不知所措之中，再度走進一處太陽永遠照射不到的隱匿場所。暴徒繼續向我們猛烈地壓迫過來，並用長矛和弓箭來攻擊我們。

「最後，部分敵人收起手上的短劍，攜帶長長黑黑的毒箭，以蛇行姿勢向我們逼近。其中有一個敵人從右邊的寺廟上冷不防地向我射了一支毒箭，我兩眼一花，身子

一晃，跌了下去。頃刻之間，渾身罹患重病，我掙扎，急速喘氣，奄奄一息，死了！」

我笑一笑，說：「你不能再固執了吧！這難道不是夢嗎？你還認爲自己是死了呢！」

我說這話時，當然已經預想到貝德羅會回話反駁；但，對我的質疑他起初猶豫、害怕，繼而臉色鐵青，仍然沉默著。我注視譚普頓，他筆直而僵硬的坐在椅子上——牙齒顫抖，眼睛死瞪住貝德羅的瞳孔。許久才用瘖啞的聲音說：「繼續！」

「接下去，約過了幾分鐘，我的情緒——我的感覺，充滿著黑暗、虛無和死亡的意識。良久，似乎通過一道紫羅蘭色的地區，靈魂突然抖動起來，像電流，有輕快與彈性的感覺。而後來感覺到——不是看見——我似乎從地面升起。變成沒有形狀、沒有視覺、沒有聽覺、沒有觸覺。群衆已分散，暴動也已停息，城市顯得平靜許多。

「此時，我看見躺在地面上自己的屍首，太陽穴還插著那支毒箭，整個腦袋感到一陣腫脹與難過。而所有外界事情都能感受到——不是看見。我覺得索然無味，甚至對那屍體也毫不關心了。意志力全部消失，而把情緒激發出來，身體倏地浮起來飄離那座城市，在我進城的那條羊腸小道上空繞著圈子。

「當我到達山區峽谷的頂端，碰到先前那隻土狼，我又感到一陣電流的震動；剎那間，所有重量、意志力和肉體重新恢復知覺。我整個人又回復到原來的我，邁著輕快的步伐走向家裏，而往事記憶猶新。現在，我並不想強迫自己去瞭解那到底是否一場夢？」

「不是的，」譚普頓深深吸一口氣，一本正經的說，「但還是很難下結論。我們只能假設那天你的靈魂正處於驚人的精神力量之上，我們只能作出如此的假設，其他的我們慢慢再研究。這是一幅以前各位見過的圖畫，」他突然拿出一幅畫來，「它帶有一種莫名的恐懼感，使我不敢拿出去展覽。」

大家觀看著那幅畫，找不出有那裏不對勁。但它的影響對貝德羅而言是不可思議的，他瞄一眼就幾乎要昏倒。然而那只是一幅縮小肖像，非常細緻的，那種奇異的容貌，的確很酷似貝德羅，至少我是這樣認爲。

「你們知道，」譚普頓說，「這幅畫的日期在角落，但不太清楚，是一七八〇年。肖像在那年完成，酷似一位故友——名叫羅德貝——在印度的加爾各答和哈斯丁斯的機關裏都很仰慕他。

「我第一次遇見貝德羅是在美國東部薩拉多加鎮，我覺得你和這張畫之間有神蹟般的相似處，誘使我想要與你認識，再進一步覓求你的友情，隨後才有後來這段因緣，

結果我成爲你日常的隨從。其實這本是緬懷那些已故的回憶，另一方面可能是對你那善意的好心所感動。

「你在山中所見到的虛幻景像，眞是被你描述得細緻精采。你所夢遊的地方正是在印度聖地貝那拉斯城的聖河之上。那些暴亂、戰鬥集團、大屠殺等都是一七八〇年斜陽堤新的叛亂案件，哈斯丁斯處於緊急狀態，有生命危險。後來叛軍的首領——就是斜陽堤新，就是用一種頭巾製成的繩子逃亡的。而躲在地下室那些人正是哈斯丁斯所率領的英國陸軍中的軍官與印度士兵，我是其中之一。

「當我們的部隊被孟加拉人的毒箭逼陷在擁塞的巷道時，我曾極力阻止一位軍官不可有輕率或毀滅性的行動，他就是我的好友羅德貝。從這些手稿中你就會瞭解，你在山中所夢見的那些怪事，我已經很詳細的記錄在這了。」他遞上手稿。

那次聚會後大約一週，沙羅特斯威爾的報紙刊登這麼一則新聞：

「宣布貝德羅先生的死亡是我們感到很痛苦的事，他是一個和藹可親、態度優雅的紳士，相信他的道德風範會永遠被沙羅特斯威爾的市民所懷念。

貝德羅在早些年就已經罹患了精神病，經常有面臨悲劇之虞。他在雷吉德山脈遊盪的最後幾日，突然感冒發熱，接著全身血液湧到頭部。爲了減輕這種痛苦，譚普頓

醫生到處找藥，水蛭也已充分運用上，但最後還是無藥可救了。」

× × ×

聽了貝德羅的敘述後，我正和一位編輯談論這件很奇怪的事情時，卻傳來貝德羅的死訊。

「我猜想，」我說，「你對文字的拼法是權威。」

「權威？是，」他打斷說，「那是印刷上的錯誤，這是帶有e的Bedlo，所有我見過的字我都知道該如何拼法。」

我看看自己的足尖，喃喃低語地說：「這些都已成過去了，但，一件眞實的事勝過千件虛幻的事——如Bedlo，正是Oldeb的顚倒。」

後記：一八二六年愛倫坡進讀維吉尼亞大學時，經常喜歡一個人到野外散步，獨自思考。靜靜地凝視那黑黝的雷吉德山脈，讓自己夢遊在野山孤嶺裏，這個美麗而安靜的世界始終存在坡的心中，終於化成這篇神秘的小說。

顯然這是一篇幻想作品，裏面的歷史問題就不必去探討了。本文直到一八四四年才發表。

瑪麗洛婕奇案（上）

楔子

如果突然出現一些怪事，就連最能保持冷靜的思想家，也會放棄他一貫的信念，而淪入疑信參半的境地。許多巧合的意外事件，光靠人的智慧是無法理解的，此種凝結在胸中的「迷信」，當然不及「思想」那樣具有信仰，有力量，姑且稱之「感覺」吧！這種感覺是不可能消除的，除非用「或然律」這種道理來解釋，其考量的角度是純數學的。因此，最有系統的科學，如果碰到類似心理精神層面上的難題，就顯出了無力感。

按發生的時間順序來說：「巴黎神秘謀殺案」（譯者按：刊七十五年五月份偵探雜誌）就是屬於巧合的怪事，能夠完全理解其中道理的恐怕不多，而最近在紐約市發生的「瑪麗茜茜莉亞・洛捷絲謀殺案」，看官讀完之後，就可以理解我的道理，並進而印證我的結論。

大約一年前——一八四〇年，當「巴黎神秘謀殺案」這篇小說刊出時，我描述過一個非常具有傳奇性的人物，他就是我的朋友杜萍先生，這件事情簡直是無法想像的。不過，人物特性的描述是全篇的架構，而由杜萍那種一連串不斷湧現的超心理感應貫穿整個故事。我本來可以引證更多的案例，但後來沒有。

那件案子發生之後，又有一些駭人聽聞的案件，尤其是把細節剖析的更清楚時，就更使人驚嘆。裏面免不了夾帶些牽強附會的臆測，我總是坐觀天下，保持頭腦的冷靜。冷靜的頭腦有助於看清事情的源頭，釐清現象與本質的區別。

直到瓊斯盆娜依夫人和她女兒慘死的悲劇發生後，我才愣了一下，如夢初醒。而此時，杜萍的超感應力已經開始活動，表情特徵有些故態復萌的樣子，情緒上不太穩定是老毛病，在他深不可測的腦海中，案情也許很可能就開始急轉直下了。

故事全程總是充滿著深妙玄奧，以及令人難解的情節，我喜歡仔細地欣賞他那種詼諧而又稍具無常的氣質，或留在聖吉門郊區那幾間屋子裏做白日夢，未來是茫茫渺渺的世界，安詳的叫人打盹，一片枯燥無聊向你侵襲過來，終於使我們走入夢鄉。

只可惜夢境並不圓美完整，總覺得好像有一部分是好友杜萍先生在莫格街上導演的一齣戲，內容也正好合乎巴黎警方的期望「秘密神探——杜萍」已成為家喻戶曉的

名號，用極簡單的推理就把神秘的面紗揭開，他對巴黎警察局局長或其他任何單位，根本不必加以解釋，因爲他們都不懂。他們只能讚嘆杜萍那種直覺的分析推理能力眞是了不起。那些警察看在杜萍眼裡，傻不攏東，又好氣又好笑。

杜萍的誠懇和坦白並不足以使他對其餘的調查人員發生多少啓示，所以他只想偷閒休息一下，使心情得以稍獲平靜。無奈出過一次風頭後，就成了社會上所有慧眼環視的焦點，每一次有案件發生，幾乎迫使杜萍非去參與市警察局辦案不可，莫格街謀殺案之後，最有名的一件就是瑪麗洛婕奇案。

本案之發生，大約在兇狠殘暴的莫格街謀殺案之後的兩年。有一聖名和本名叫瑪麗的年輕女孩，她的容貌酷肖本地一位不幸的「雪茄女郎」，她是愛絲黛洛婕遺孀的獨生女，孩童時期父親就已過世，母女倆靠著一棟小公寓，用來經營家庭式宿舍，在聖安得街相依爲命。日子如此平平穩穩地過去，直到瑪麗二十歲，她已是個亭亭玉立，有著甜美聲音的小姐。

這時候在附近皇宮街有個經營香水的商人，名叫勒伯郎，在他店中進出的也盡是一些巷弄裏的小混混，或是不知廉恥的狂蜂浪蝶，他看出如果把瑪麗弄到手，讓她在店裏當店員，對他是極爲有利的，果然，他擺出一副磊落大方的姿態去邀請，居然被熱情的瑪麗接受，倒是她母親有些躊躇起來。

小店老板的期望終於實現，因爲她也還算是個頗有姿色的女店員，很能運用自己天生麗質的小本錢，小店很快變得艷名遠揚。她大概做了一年工作的時候，有一天她突然從小店中消失不見了，弄的那些尋香訪艷的客人驚慌失措，不懷好意的勒伯郎也拿不定主意；洛婕老太太心情紊亂，只知道憂慮和害怕；通俗報紙很快以頭條新聞批露消息，警察正在研究調查方向，可是有一天早晨，正是她悄悄逸失後的一星期，瑪麗——身體還算健康，重新出現在香水店的櫃檯內，衹是神情略帶感傷。另一方面，所有調查工作已在秘密中進行，勒伯郎表示完全不知道，所有訊問都是瑪麗和她的母親回答的，他們表示，只是到鄉下一個要好親戚家裏待了一個星期而已。

這件事情慢慢地過去了，一般人也逐漸淡忘，瑪麗表面上裝著一副與她無關的樣子。她爲擺脫一般人對她的好奇心，終於向香水店請了長假，回到聖安得街她母親身邊去住。平靜的日子，很快，一天過一天……

她回家後，大約過了三年，她的朋友們又被她第二次失蹤震驚半天，三天的時間過去了，沒有她的芳蹤，第四天，她的屍體在賽納河岸邊被人發現，正好在聖安得街對面，距離偏僻的威鷹住宅區附近不遠。

本案的兇狠毒辣，使得一個年輕貌美的女子羅難。因爲她曾經頗具艷名，所以給敏感的巴黎市民帶來一陣莫名的緊張刺激氣氛，那種感受簡直沒有類似案件可以比擬的。前後有七個禮拜的時間，人們對國內政治上的大事都丟諸腦後，而對這個撩人心弦的案子仍然議論紛紛。街頭巷尾，三姑六婆，聊的都是這個奇案。

巴黎市警察局局長使出了渾身解數，動員了全部警力，竭盡所能，企圖對全案有所突破。最初發現屍首時，大家預料兇手在短期間內不可能脫逃的，調查工作早就展開了。但是進行不到一週的工夫，全體參與調查人員都公認，要運用一筆獎金才行，而且至少要一千法郎才能發生引誘作用。緊接著再配合如火如荼的調查行動，仍然只是白費工夫。各種訊息太多了，但多八卦，理不出頭緒，警方一個頭兩個大。

當有些奇奇怪怪的線索不斷出現的時候，人們的興奮程度開始高漲起來，到了第十天，大家又主張把獎金提高到原來的兩倍，以加強引誘的效果，但是過了兩週後，仍然毫無斬獲。這種靠獎金破案的錯誤觀念始終存在於警員的心中，所以警察局上下人員都開始有些嘩然，局長乾脆自己把破案獎金提高到兩萬法郎，其目的只是想用金錢的魔力把兇手繩之於法。市民委員也公告，如果從犯出來檢舉主謀，不給他定罪，獎金如數照發，再額外加發一萬元。如此總數可以領到三萬元，像這樣身分低微的女

郎所發生的案件，在一個大城市裏可謂不足爲奇，而本案懸賞的破案獎金達三萬元，這在巴黎都市來說已是破天荒了。

現在大家一致公認這是一件神秘的謀殺案，案情不可能很快會水落石出。有過數次也捕了幾個嫌疑犯，大家寄以一線希望，想一舉破案，可是經再三審訊偵察結果，與本案毫無關係，只好又把嫌疑犯釋放。事情經大家起鬨，漸漸好像有點怪，屍首發現第三週過後，各種有關謀殺案的謠言紛紛傳開，極爲動搖民心，這些謠言終於也傳到杜萍和我的耳朵裏，我們倆此時正全心全意在做研究工作。只是，偶爾接見訪客，有時也注意報紙上重大政治性新聞，現在這個盛傳中的案子吸引了我們全部的注意力，不約而同的想要探求其中的某些疑問。

有關全案的消息，由警察總監G先生「單線作業」提供給我們。一八××年七月十三日下午他來訪告知我和杜萍有關重要案情，我們共同研討到深夜他才離開。他因費盡心血搜捕兇手，仍歸於失敗，感到極爲難堪，滿肚子不高興的樣子，他的聲望——如他自己所說，像巴黎人現在特有的一種氣氛——握在別人手中的賭注瀕臨破產。這件事情都關係到他的榮譽，他現在是群衆注目的焦點，只要能使這個案件有所進展，叫他做什麼犧牲，他都是願意的。

他——G先生對杜萍的參與，恭維是「杜萍式的機智」，在思考邏輯方面可以不受任何約束，任憑想像力和自己原始之個性隨意發揮。而我的心智活動就是放不開，對故事中的情結掌握不住一個適切的主題。換言之，我常抓不住核心要點。

我的好友對警察總監的恭維不表贊同，但樂於接受他的邀請。所以杜萍的調查計畫很快獲得G先生的採納，這或許只是一個權宜之計罷了。但是那些觀點提出來後，總監的許多見解就會站不住腳，他對各種證據曾提出冗長的辯解，我們大家也沒有得到什麼啓示。他算是很有學問的人，對案情做過不少研究討論之類的工夫，不斷的表示他的意見。我偶爾提醒他夜已深了，他還是不斷發表他的高見，杜萍只好靜靜坐著聽。但有時學問太多，想像力、推理力反而受限，他似乎屬於這類型。

杜萍習慣性地靜坐在他的搖椅上，表現出他彬彬有禮的注意力，對每個細節都仔細的傾聽，在整個會談過程中他的表現是令人瞠目咋舌的，他始終戴著墨綠色眼鏡，有時餘光會從鏡片底下流過，匆匆的向大家掠覽一次，這樣就足以叫我信服了。他偶爾會打個深深的瞌睡，經過七、八小時沉悶的會談，總監終於離開，會議終於結束。

次日早晨，我從警察局局長那裏得到一份有關審理本案的完整報告，另外蒐集了各大報社對案子的全部報導。經研究過濾比較可靠有用的資料如后：

瑪麗洛婕離開聖安得街她母親的住處，大約是一八××年六月二十二日星期天的上午九點鐘，正當要出門時，她才告訴依斯達先生，說她要去和姑母共享一個美麗的時光，她姑母住在都門街，是一條又短又窄的街道。但人潮川流不息，離河岸不遠。若抄小路的話距離洛婕太太的公寓也不過兩公里，依斯達是瑪麗的未婚夫，很能得瑪麗的芳心，所以食宿也在她的小公寓中，原本約定在黃昏時到她姑母家接回未婚妻，不巧這天下午有一場傾盆大雨，他想她一定留在她姑母家過夜，所以沒有依約去接她回來，往常碰到類似情形，通常是這樣辦理的。

夜幕低垂，洛婕太太（一個身體虛弱，已經七十歲的老太太）突然有一陣可怕的預感，「她永遠再也見不到瑪麗了」，她雖然有所表示，可惜這老女人的預感並未及時惹人注意。老人看的多，經驗也多，感覺有時很準的，應該受到重視才對。

到星期一，已可確定這個女郎並未到都門街她姑母那兒，這一天已過去了，音信全無，大家才在城裏幾個重要地方亂找一陣，直到失蹤的第四天，找尋的人已經感覺到絕望。無人能理解，爲甚麼活生生一個人，突然不見了。

這一天（已是六月二十五日星期三了），一個叫比威斯的人和另外一個朋友聽到了一則消息，說浮屍被一些發現的漁夫從賽納河裏拖上岸。他們以前雖曾見過瑪麗本

人，但當比威斯一見到屍首時，有些遲疑不定，經仔細觀察才證實她就是香水店裏的瑪麗小姐，他的朋友也迅速辨認出來。

臉龐遍佈著污黑的血漬，有的從嘴角裏流出來，好像只是一個平常淹死的案例而已。細胞組織沒有變色；喉嚨有瘀傷和指狀物的痕跡；雙臂彎曲在胸前，已經僵硬；右手緊握拳頭，左手掌局部張開；左手腕有兩個圓環形破皮，看來好像繩索套傷造成的，或由一條繩子螺旋狀的綑住而形成的傷痕；右手腕也有多處擦傷，背部與肩胛骨一帶更是遍佈著傷痕。當漁民們要把屍體弄上岸時，雖也是上了繩子，但沒有一處傷痕是由此而造成的。頸部肌肉腫脹，沒有明顯的切割傷害，但有瘀痕呈現，像是毆打所致。有一條鑲花飾帶緊緊的繫住頸子，已深入皮肉，在左耳下面打了一個結，就是這一條細帶勒住脖子，不易察覺，光是這個就是致命傷。根據醫學檢驗她的「貞操情況」，可以很肯定的知道，她已被一陣獸慾強暴蹧蹋過。屍首發現時就呈現上面的情況，朋友們在辨認時並沒有太大的困難。

身上的服飾裝扮已經殘破凌亂，一件無袖襯裙從底邊到腰部被撕裂了一呎寬，但沒有全部撕爛。腰部似有三處創傷，但因拖拉時的受力點是在背部，故腰的傷勢不重。上裝已退脫在棉布質的衣連裙下面，並且撕裂了十八吋寬，似乎被很激烈的行動徹底撕爛了，那些撕下的布，製成布條子，鬆鬆的拴住她的脖子，打了個死結；在頸子的棉布條和鑲花飾帶之上，繫著一頂煙囪帽的絲帶，帽子還懸掛著，帽帶打了一個死結，看來似非女人所爲，另外又打了一個輕鬆的水手結。

比威斯認屍完畢之後，並未按通例將屍首運到莫格街的太平間，而且輕率的埋葬在河岸附近，正好離被發現的現場不遠。他雖盡其所能的壓下來，對這件事守口如瓶，七天已經過了，公衆輿論與情緒趨於穩定。「每週星報」終於揭露了這個新聞，屍首又被挖掘出來，除了原來已知資料外，其餘一無所獲，衣物再經死者母親及朋友們驗證，就是離家時所穿的。

同時，一種興奮的情緒在社會上不斷漫延開來，有幾個人被捕又釋放了，依斯達已被列爲特別可疑的對象，他對案發當日的行蹤交代不夠清楚，對瑪麗離家這一天——星期天，這一整天落腳處，都做了什麼，必須要有明確的交代。後來他終於向G先生陳述詳情，把這一天當中的每一小時都做了明確的交代，並且簽了切結書。時光流逝，案情仍無所發現，無數個矛盾的謠言在循環流傳，雜誌社的記者窮忙著提出各種鬼主意。其中某一家雜誌社的觀點最吸引人注意，認爲瑪麗還活著，賽納河中被發現的屍首只是另一個冤魂，我應該把這個意見介紹給讀者，以下是強納生的部分重要內

容，該報素來辦的不錯：

「洛婕小姐於六月二十二日星期天，離開他母親的家，明顯的目的地是要去都門街她姑母或其他親戚家裏，從這一小時開始無人可以證明見過她，再也沒有她的芳蹤或音訊……那天她出門後，也無人見她有過這樣的遠行……但六月二十二日星期天上午九點以後，這段日子我們也無法證明洛婕還活在這世界上，至少到九點鐘時是活著的。星期三中午十二點，有人在賽納河岸邊發現一具女屍，此地，我們是否可以假設，洛婕是在離家後三小時內被丟入河中，甚至一小時到三天都有可能，對本案而言，這樣的假設似乎太大膽，這個謀殺案的對象是不是這具屍體呢？或者說兇手是否已經做了案？午夜之前把她仍入河中呢？這個罪薛深重的暴徒，喜歡把自己墮落在黑暗的深淵裏，可恨又可痛……河裏發現的屍首是不是瑪麗洛婕？是不是被棄屍兩三天了。

「根據一般經驗法則顯示，不論在水中溺斃，或生前被暴力摧殘致死後，立刻被丟入水裏，都需要六至十天，等組織變質後才會漸漸浮出水面。這種情況總要在水裏面沉個一週左右，才會浮出來，硬把它提上來，又會沉下去。我們也許可以探求另一種狀況，暴徒爲誤導犯罪現場而故佈疑陣，使現場看起來似乎背離常情常理。如果屍首在岸上就已經是這種慘狀，而留到星期二才扔入水中，則岸上一定會留下很明顯的

痕跡。死者是否死後兩天才被扔入水中？屍首怎麼這麼快浮起來？這是值得存疑的地方。另有一處可疑的地方，歹徒犯罪之後拋屍下水，爲什麼不在屍體上繫個重物使屍體易於下沉呢？而歹徒連這個常識都沒有，實有違常情常理。」

× × ×

雜誌社的編輯們繼續爭辯，認爲屍首在水中浸泡的時間「決不是三天，而是五個三天」，因爲屍體的肌肉組織似乎已經變質很久了，連比威斯辯認時都感困難，報紙又把比威斯認屍的遲疑，大大發揮一陣，選錄如下：

「比威斯所說的實情有何證據？他能確定那具屍體就是瑪麗洛婕嗎？他只把死者袖口翻一下，就說她胳臂上有記號，可以證明她就是瑪麗。一般民衆所猜測所謂特徵是一定有什麼奇怪的疤痕。他用手握那隻胳臂，覺得粘有頭髮——這件事情總覺得模模糊糊、奇奇怪怪的，不甚可靠。當晚比威斯並沒有回去，卻在星期三晚上七點鐘叫人傳話給洛婕老太太，告知關於她女兒的事還在進行調查。如果屍首就是瑪麗，因顧慮到老太太的傷痛和高齡，大家並不同意她過河去參與認屍。問題是其他人也沒有一個過河去參與認屍，聖安得街家裏的人也沒有表示有意見。而瑪麗的未婚夫，在她家寄宿的，則供稱直到次日早晨比威斯去到他的房間，向他提及本案時，才知道有人發

現瑪麗的屍首。像這一則轟動的大案件，大家的反應都不熱烈，使我們引起極大的驚訝。」

× × ×

這個記者從死者家屬所表現出來的感情，感受到其中大有問題，家屬們都可確定的認爲屍首就是瑪麗，但他們每個人似乎都非常冷淡的，好像死者與他們沒有很大關係，太矛盾、太不可思議了。這裏面似乎暗示說：瑪麗因爲失去寶貴的貞操，被迫離開城市，親戚朋友都知道，爲名譽之故，只得佯作不知。正好賽納河發現的女屍酷肖瑪麗，親友們就想利用這個機會，設法使大家相信那個不能潔身自愛的瑪麗已經死了。

不過強納生兄弟報的判斷似乎過於輕率，有事實可以證明事件發生後，家屬並非如傳言所說有冷漠不管的態度。首先，洛婕老太太身體原本虛弱，加上此一重大打擊，悲傷過度幾乎成了白痴，外人看來以爲冷漠。而那個依斯達也不是聽到消息後，態度仍冷冷的，其實他傷心欲絕，幾至瘋狂。比威斯此時只好找個朋友來照料他們，並阻止他們去參加驗屍、葬禮等工作。強納生還聽說屍首重新下葬是公家出錢——家屬拒絕出錢——說下葬時家屬無一人到場——這些說法都是企圖使人相信報社的判斷，這一切後來都證明並不正確。下一期的報紙轉稱對比威斯發生懷疑，編輯的意思是：

「事情有了改變，我們聽說這件事的肇端：有個叫做——B太太，在洛婕老太太家裏，比威斯正要出門時告訴B太太說，憲兵待會兒會來這裏，要B太太在他尙未回來之前什麼事情都不准說，讓他回來再應付……到目前爲止，整個事情的情勢，已因比威斯而呈一片膠著狀態，暫時無法打開僵局。在現階段中比威斯好像是關鍵人物，不論你想怎麼做都與他發生抵觸……爲某些原因，他決定要求別人先不要插手此事，由他自己按法律程序來處理，但乎似非常反對親友來察看屍體。」

× × ×

以下可是實情，有些已經懷疑到比威斯頭上，那女孩消失的先前幾天，有個訪客到他的辦公室訪問，他不在，那人從門的鑰匙孔窺探，發現有一朵玫瑰花，近處有一本名簿，上面寫著「瑪麗」的字樣。

從各家報紙的評論上看，都覺得瑪麗是被一群流氓之類的人姦殺。然而，「商務日報」對此持反對態度，認爲其中必另有原因，該報在地方上有極大勢力，現在引述它的部分評論：

「我們相信，到目前爲止的調查途徑，都還是錯誤的，特別是發現的地方在荒僻的威鷹社區一帶。一個小有名氣的美麗女郎，走過這一帶的幾個街道，而說沒有人認

識或見到她，簡直不可能；任何人見到她，都會記得她，因爲她使人印象深刻，叫人對她發生興趣，街上到處是人，她出門時，要走過都門街，才到達威鷹社區附近，這途中沒有一打以上人認出她，是不可能的。事實上如此，她出了她母親家後，就沒有人可以證明見到她，除了她自己表示要去姑母家裏，這裏面值得推敲其中原因。他的裙子被撕爛了，布條繫住她的身子，顯然屍首是被人像包裹似的扛著走。如果謀害現場是在偏僻的威鷹社區附近，就不必再動手腳做這番安排了。事實上屍首即使在賽納河岸發現的，也不能證明那裏就是第一現場，不能說就是從那裏把屍首丟入河中的……不幸的女孩，她的裙子被撕下了兩呎長一呎寬的一塊，繫在她的頸子上面，可能是防止她喊叫。由此可以判斷，動手殺害的傢伙，可能是一個沒有帶手帕的人。」

× × ×

警察總監來拜訪我們之前一兩天，警察廳獲得一個重要的情報，至少可以把「商務日報」的觀點部分推翻。附近有個德魯克太太的兩個兒子，跑到威鷹社區一帶叢林裏亂逛，偶然在一堆密密麻麻的草叢中，發現有三、四塊大石頭，堆得很像有腳的椅子，有一塊石頭上放著一條白裙子，另一塊石頭上放著一條絲圍巾，還有一把洋傘、一副手套、一條手帕，手帕上面明顯的有「瑪麗洛婕」的字樣。四週荊棘上，有衣服

的碎片，地上的泥土也經過一陣混亂的踩踏，矮樹折斷了，這些痕跡都顯示，此地曾經有過激烈的掙扎或打鬥。叢林與河流之間，作爲障礙物的籬笆被弄倒了，地面上情況，也證明有重物拖過而留下的痕跡。

有家名叫太陽報的週刊，對前述發現的現場做了評論，其實那不過形式上響應全巴黎輿論的共同看法而已：

「那兩個小孩發現的現場，顯然在那擺了至少有三、四星期之久。東西因下雨而發霉腐爛，遭到踩踏蹂躪的地方已經長出青草。陽傘的綢緞仍然結實，但纖維絲已發爛，上端開始長霉，稍微一動就破了……被樹枝撕破的外衣，大約有二吋寬六吋長，有一塊外衣的底緣，曾經補過的；另外一塊是裙子不是邊緣，看起來撕的很亂，略成條狀，都掛在離地一尺高的樹枝上……無疑的，這裏應該是令人毛骨悚然、不寒而慄的輪姦殺害現場。」

× × ×

這個發現以後，又有了新的證據。德魯克太太供稱，她在距離河岸不遠的地方，開了一家路邊小旅店，與威鷹社區附近那片荒山正好對著。那塊地區四周幾乎與世隔絕——特別的偏僻閑靜，城裏的太保流氓到星期假日時常在此地出沒，他們通常坐船

渡河過去的。在出事的那個星期天，大約下午三點左右，確實有個年輕貌美的女子，來到她的小旅店內，由一個膚色黝黑的年輕人陪著。倆人在店內停留了一陣，離開時，就是向著那片偏僻的樹林走去的。德魯克太太特別注意到那年輕女子的裝扮，女孩的上裝很像是她的一個已逝親屬所穿過的，她也帶著一條圍巾，他們倆離開不久，這群人又回到旅館，似乎很慌張的樣子，迅速渡河走了。

就在這一晚，天剛黑沒多久，德魯克太太與其長子，兩人都聽見從旅店對面的荒地，傳來幾聲女人的喊叫聲，尖銳刺耳而簡短，德魯克不但認得樹林裏發現的圍巾，而且也認得死者的衣裳。有個公共汽車駕駛員，名叫瓦寧斯，也供稱看見瑪麗乘坐渡船過賽納河，時間就是那個星期天，也是由一個皮膚黑黑的年輕人陪著。他，瓦寧斯，認識瑪麗，不可能誤認，叢林裏發現的衣物等，也都由她的親屬辨認無誤。

杜萍建議我到各報社去蒐集資料，我費了九牛二虎搜集這些之後，唯一與衆不同的是我多了一個重點——這個要點可能會推出極佳的結果。不可思議的，在叢林裏發現瑪麗被殺的證據之後不久，在大家一致公認是瑪麗遇害的現場的附近，又發現她的未婚夫依斯達的屍體，死亡多時了，在她的身邊丟了一個空的小藥瓶，標籤的藥名是「鴉片劑」。經驗屍報告，他是中毒而死，還未來得及說話就已經氣絕。在他身上發

現了一封遺書，簡單的說明他對瑪麗的愛是多麼的深，只願同生共死，不願獨活，才決定要以死相許。

杜萍仔細看完我的摘要報告後，開始發表他的高見，他足以使人佩服的分析力、判斷力、洞察力，都要比別人多一個層面：

「以前我們看『巴黎神秘謀殺案』覺得該案殘暴恐怖，但是，本案又比那個殘酷而複雜。起初大家都認爲本案並無特殊之處，以爲兇手逃不過警方的手掌心，不難破案，正因爲如此，大家在心理上已經有漏洞，輕視案情，才又變得難以破案。警察總監G先生的部下——負責調查本案的警察同仁們，都認爲他們已能掌握這個慘案的來龍去脈。甚至他們也能幻想出兇手的犯案動機、做案的過程等，或者他們又推理出兇手的動機不止一種，而是許多種：問題是，無論他們怎樣幻想，都與實情相差太遠了，所做的推理當然與眞正的犯案動機與過程不能吻和。他們又爲了自圓其說，或是爲了面子，就把自己所幻想的動機與過程，隨便找一個相類似的案件，企圖在兩者之間建立必然的關係，這些幻想和不切實際推理，都造成了線索獲得的困難，案子更加不好解決。

「我以前就察覺到：要進行合乎理智條件的推斷，應該超越一般常識之上，進而

探求科學的眞理，要達到這個境界，看一切案子，必須要有天馬行空的氣魄，鳥瞰全盤，另一方面又要抓住某些關鍵，徹底掌握重點。研究像這類的案件，該注意的不是『發生了什麼事？』而是『此案件中，那些是以前未曾發生過的？』在『巴黎神秘謀殺案』裏，檢驗瓊斯盆娜依太太住宅的時候，G先生的部屬們就是被那些『前所未有的』案情弄昏了頭，弄得喪失了信心。這些前所未有的現象，如果讓一個有智慧的人來運用，是最珍貴的線索，可能是導致破案的關鍵所在。相反的，這個香水女郎的案子，情況並不很特殊，在調查員警的眼中以爲得心應手勝利在望，但在智者的眼裏，卻又要掉進五里雲霧之中了。

「在瓊斯盆娜依和她女兒的慘案裏，從開始偵察起就已經推翻了自殺的可能性，而肯定那是個謀殺的事實。在本案也是一樣，我們也能確定這不是自殺的案件，威鷹社區附近荒郊發現的屍首，及其現場情形，已經可以支持這樣的推理了。至於有人提出不同的看法，認爲那具屍體不是瑪麗，而是爲了要喚醒謀害她的主犯或從犯們的良心起見，或者根本不能喚醒誰的良心，也計議利用重金懸賞的引誘，使主謀現出原形，繩之於法。對於總監G先生，我們並不寄予多少希望，甚至說他是無濟於事的。這個案子，如果我們確信那個屍首不是瑪麗，而著手進行調查，又正好捕到一名謀殺犯，

結果證實這具屍首不是瑪麗，是別人，或者我們肯定瑪麗還活在這世界上，並未被殺——終於也找到她，這兩種偵察途徑不都白費工夫嗎？我覺得，我們首當應付的，或許就是——G先生呢！我們的目的，即使不顧到公理正義的伸張，也應該先解決『這個屍首到底是不是失蹤的瑪麗』的大問題。

「強納生兄弟報做的報導，對民眾有很大的影響力，報紙本身也深具信心的肯定自己的重要性，這點可以從它報導的內容得知。它有篇社論開頭就說：『今天有幾家晨報，談到本報星期一所登載那篇比較具有決斷性的文章。』依我淺見，那篇文章所謂的決斷性，只不過寫作該文的作者，一點點職業性的熱忱而已。我們應當瞭解一點，一般報章雜誌的目的，並非有什麼職業道德，要去探求事實的眞相；而只是在製造新聞，引起讀者嘩然的情緒，提高知名度等等。若報社發表東西，有助於眞相之探索，即純屬巧合，一個報紙如果只報導些平淡無奇的東西，即使說的都是實情，也不會引起讀者的共鳴與興趣，所以只好發表些標新立異、危言聳聽的議論，才會加深群眾對它的印象。顯然報紙上故作驚奇，是要引人注意，要普遍受人欣賞，雖能得到些好處，卻是最下乘的辦法。

「我講了這一大套，是在說明強納生兄弟報其實是故作驚人之論而已，再夾雜些

通俗鬧劇的氣氛，目的只是想引起讀者的興趣或共鳴。現在讓我們來研究這家報紙的言論，就可以知道它只是想自圓其說。

「這作者的首要目標，是要說明從瑪麗失蹤到發現浮屍，中間相隔太短，由此推斷那個屍首不會是瑪麗，顯然這位作者推理的重點，是放在這個時距上，問題出現在這裏。他心急如焚，就是想從這個時距上來突破，他認爲問題的關鍵在此。他說：『若遇害的人就是瑪麗的話，那麼動作未免太乾淨利落了，做完了就在午夜前把屍首拋進河裏，的確很荒謬。』爲什麼認爲那女孩在離開她母親家不到五分鐘就遇害了？爲什麼？我們確實要弄清楚，難道這就是荒謬嗎？如果我們假設，兇手在一天二十四小時中任何時辰都能殺人，這是荒唐愚蠢嗎？這一天的任何一刻都會有謀殺案發生的呀！從星期日上午九時一刻，到半夜前，兇手在何時殺了人，都會有充分的時間讓他把屍體拋入河中。

「強納生兄弟報的推論是這樣的，案子絕不是在星期天發生的。如果我們同意這種報導，今後報社不論對任何問題，都會馬馬虎虎，毫無誠意。那篇文章開宗明義就說『這個假設是荒唐的』等語，表面上只是白紙黑字，但撰稿人的心中到底存著什麼念頭呢？可以想像得出來，他骨子裏一定想『若遇害的確是她，那麼，懷疑兇手動作

太快了，怎能快得可以在半夜前把屍首扔入河中，那才叫荒謬呢！所以，我們以爲，所有此種推理都是荒謬的。同時按我們的推理程序，認爲屍首不是半夜以後才拋進河中的，也同時是荒謬的。』這樣推論，看起來似乎前後矛盾，不具有價值，至少比報上的文章要合理。

杜萍又接著說：「假如我的意圖，僅僅是要把這個謀殺案弄個水落石出，好推翻強納生兄弟報的意見，最好的辦法是不去理會。問題是，我們所計較的並不是該報報導的內容，而是公理正義。報紙上那些表面文章沒有多少意義，我們所須注意的，是仔細領悟字裏行間的弦外之音，描述他們想發表而沒有發表的意旨，這樣才能探察案情的原始本意，記者們的意思是說，不管謀殺案發生在星期日的白天或夜晚的那一個時辰裏，兇手絕不敢大膽冒險在上半夜把屍首拖向河岸，這一點也就是我要爭執的關鍵所在。大多數人所揣測的，都認爲謀害現場的時間及空間的因素特別，故絕對有必要把屍首拖到河邊去處理才行。其他有可能的方式，或許兇殺的第一現場就在河岸邊，甚至根本就在河面上進行，豈不是更乾脆俐落？不也是最安全、最不易被逮捕的方法嗎？你千萬要瞭解，我這樣說，並不是在強調自己的方法多麼正確，而是要提醒你，強納生兄弟報上所披露的都是些枝枝節節的問題，如果只注意這種表面的零碎瑣聞，

必然很難把握住案情的核心，於事無補。

「那家報社依本身先入爲主之見，把推理的範圍限制在一個極小的時空裏面；一味認爲，果眞那是瑪麗的屍體，則被拋入河中的時間不會太長，也就是浸泡的時間很短，所以那記者繼續又說：

『根據各種經驗法則，凡是溺斃的人，或被殺害後立即拋入水中的人，都需要六到十天，待屍體腐爛才會浮到水面上。若時間未到，就是想在五、六天用砲把它轟上來，它一樣會再沉下去。』

「在巴黎所有的報章輿論幾乎都持這種觀點，只有工商時報是例外。該報力圖駁倒強納生兄弟報有關水中溺斃的見解，並舉了五、六個例子，證明溺斃的屍首不必那麼長的時間就會浮起來。不過，工商時報所說並不完全正確，只有五、六個特殊的個案，就要推翻強納生兄弟報的意見，未免有失冷靜與哲理，這是很大的缺陷。縱使引證五、六個例子，甚至五十個，但是強納生兄弟報所提的通則來看，仍然只是特例而已，除非這項特例已被人推翻掉了。事實上，工商時報並沒有否認這個通則，不過是堅持己見。所以，雙方若不再爭執，就等於默認了強納生兄弟報的見解仍舊是極有力量的，因爲強納生兄弟報也沒有推翻屍首會在三天內浮上來的可能性；這個可能即使

存在，那麼強納生兄弟報的地位還是穩如泰山，不易撼動的。除非工商時報眞能引證更多的實例，建立一套牢不可破的對立通則，否則強納生兄弟報的聲勢將更加囂強。

「你必須立刻瞭解，我們研擬出一套顚撲不破的邏輯來瓦解前面那個通則，才能把案情導出一個結果來，現在我們開始研究這個通則的原理。好吧！拿人類的身體做比例，任何人體的比重即使不比賽納河的水輕，但也不重，換言之，兩者比重在正常狀態下是相等的，所以人體在水中所排開的水重與體重也是相等的。骨頭少而肉多或脂肪較多的人，女人屬之，通常比骨頭較大而肉少的人，男人屬之，要輕的多。河水的比重也受海潮漲降的影響，不過現在暫時不要去牽扯海潮的問題，單談人體在水中的情況，也極少會完全沉下去。只要保持體重和水的比重相等，就可以全身漂浮起來。一個不會游泳的人，若在水中能保持適當姿態，應該是在陸地上行走的姿勢，然後把頭後仰，僅讓嘴巴和鼻孔露出水面，以此種姿態很自然的待在水中，身體就會毫無困難的漂浮起來。顯然，比較困難的地方是體重和水重如何完全的平衡；例如，把整個手臂伸出水面，因爲失去了水的浮力的支持，立即變成身體額外的負擔，使頭部沉入水中，若意外的碰到一根小木頭的助力，又會使整個頭部浮出水面，甚至抬高到可以四下張望的程度。問題出在不會游泳的人，掉入水中總是奮力掙扎，手臂上舉，企圖

抓住什麼東西，而頭部又不敢向後仰，導致嘴和鼻子沉在水面之下，再一掙扎呼吸，水必然灌入肺中，進到胃裏的水更多，如此一來，胃和肺灌滿了水，整個人的體重就比原來的重的多了。照一般常態說，體內所增加的水重就足以使身體下沉；但是，對骨頭小或脂肪多的人而言，胃和肺中所增加的水重亦不足以使身體下沉，像這類的人溺斃後，還是會漂浮著。

「沉在河底的屍首，始終沉在水底，直到使出某種方法，發生些變化，使它的比重比其排開的水量比重還輕，就會浮上來，多半是腐爛或某種原因。產生瓦斯氣體，這些氣體充滿了細胞纖維及全身其他所有組織，開始發生腫脹的現象，狀似可怕。當這種氣體充斥全身時，屍體的體積隨之腫脹而加大，但是它的比重卻沒有隨形體加大而增重，反而比排開的水輕了，立刻就會浮上來。

「腐爛的程度也受週圍許多環境因素的影響——例如氣溫冷熱、水中礦物質成分、水質純度、河流深淺、流動或停滯、屍首體溫、死者生前身體健康情形等。因此，我們極難肯定說，屍體會腐爛到什麼程度，或到某一個時刻準時浮出水面；在某種特別情況下，也有可能在一小時內浮起來的；也有些情形，屍首永遠沉在水底。有時因爲某些化學變化的結果，例如水銀中的二氯化物，可以使動物的肢體永不腐爛外，胃中

的蔬菜物質產生發酵作用，也會形成瓦斯氣體，其他器官組織也常因別的原因而產生瓦斯氣體，這些都會使屍體浮出水面。用砲向死屍上面轟它一下，其作用是想藉火砲爆炸的震動力讓屍首脫離水底泥漿的牽制而浮出水面，若是屍首根本沒有陷在爛泥中，它必然漂上來；若屍體的細胞分解，但尚未到達上浮的程度，經過砲轟的震動力，膠著鬆脫，五臟充斥瓦斯氣體而膨脹，屍體自然漂浮起來。

「此種道理全部理解後，就可以測試強納生兄弟報的說法是否正確。該報說『根據通常法則，我們知道溺斃的人，或遭強暴致死後立刻被扔到水中的人，要經大約十天的腐爛分解作用，屍首才會浮出水面。若用砲轟一下，也要浸泡五到六天才漂上來，若時間未到，勉強撈上來，它還是會沉下去』。

「這段文章可以看出來不合理而欠缺根據的問題。一切以往的經驗並不表示『溺斃的屍首』，是需要六到十天腐爛才足以浮出水面。不論就科學或經驗的立場來說，屍體浮出水面的時間都無法明顯確定。不僅如此，縱使用砲把屍體轟上來，不去理會它的話並『不會沉下去』的，除非屍首已過度腐爛，體內的瓦斯氣體已全部排散掉了。我特別要提醒你注意的，是『淹死的屍體』與『遭強暴致死後立刻拋入水中的屍體』，兩者的差別完全不同。那篇文章的作者雖知這其中的不同，卻將兩者的差別歸入同一

類，混爲一談，我已經說過，落水的人在何種情況下，會弄得體重超過排開的水重；我也說過，除非落水的人不斷掙扎呼吸，胃和肺部灌入大量的水，否則不會下沉的。但是，『先遭強暴致死，再被抛入水中的人』，就不會發生這種掙扎呼吸的情形。故一般而言，先遇害致死再抛入水中的屍體，都不會下沉的——這是事實，顯然強納生兄弟報忽視了，當屍首腐爛的程度已很嚴重時——肉和骨頭已經脫離——到此時，我們在水面上早就看不到屍首了。

「接著。咱們再來討論屍首不是瑪麗的問題，到底應該持怎樣的見解才對呢？因爲才三天屍首就浮上來這個理由，就一口咬定那不是瑪麗嗎？她是個女人，如果她是溺斃的，或許根本不會沉下去；或者曾沉下去過，而可能在廿四小時或更短時間內又浮在水面上，沒有沉下去過。

「強納生兄弟報認爲，『在岸上就被摧殘成這副慘狀，而到星期二晚上還放在岸邊，則地上必然可以發現謀害的跡象。』這樣的推理，我們起初很難了解其中眞意。他的用意似乎在說，屍首在岸上放了兩天，經過迅速腐爛——比水中腐爛的更快。如果這種判斷是對的話，不就意味著到星期三屍首便漂浮上來嗎？因爲他所認爲的，只有在屍首腐爛的情況下才會浮出水面。他卻又輕率地表示屍首並未放在岸上；因爲，如果這樣，『岸上一定可以發現謀殺的痕跡』。我可以認定，你對這種幼稚的推理一定感到可愛至極。你決不會憑屍首在岸上放了多久，就去斷定兇手應該要留下多少痕跡。我也不會做這樣的推理。

「我們那位新聞記者接著說，『不管那位歹徒，幹下諸如此類的兇殺案，要把屍體扔下水時，怎不知繫個重物使它沉下呢！這層顧慮是很容易想得到的。』很顯然，這一部分，他的思維程序既混亂又可笑！沒有任何一人——強納生兄弟報也不例外——會懷疑到發現的屍首，到底是不是被謀殺的？從屍首上看，強暴的痕跡太明顯了，我們做這樣的推理，只要表示這具屍首不是瑪麗。他想證明瑪麗沒有被謀害——而不是那個屍首沒有被謀害。然而，他的觀察所得，僅僅證明那具屍體不是被謀殺的，並未證明瑪麗沒有被殺。現在屍首確實沒有繫重物，歹徒拋屍下河時，絕不應會忘記這一點。因此，可以判斷這具屍首不是兇手拋下河的，這就是那篇文章所要證明的；至於說那具屍首是不是瑪麗，則毫未提及。強納生兄弟報費了九牛二虎之力，又把自己所說屍首被殺的話推翻了。那篇文章又說，『我們絕對相信，發現的屍首是一個被謀害的女性。』

「實例還不止這些，甚至全案的其他部分，我們那位推論者也常常做些自相矛盾

的判斷。我已經說過，他有個很明顯的目的，只想盡其可能來縮短從瑪麗失蹤到發現那個屍首之間的時距。可是，我們發現他極力陳述，那女孩從離開她母親的家之後，『就無法證明星期天上午九點以後，她是否活在這世界上。』就像這樣，他的論點顯然非常支離破碎，考慮的很不週全，至少這點他是忽視了；因爲，萬一在星期一，或星期二，有人看見了瑪麗，那麼失蹤和發現屍首之間的時距豈不又要再縮短，而根據他自己的邏輯推理，發現這個屍首就是瑪麗的可能性，就要減低許多了。強納生兄弟報堅信其論點，認爲瑪麗是在星期天被殺的，只有這樣案情才能往下發展，看起來叫人覺得可笑有趣。

「現在我們再來重新細嚼這篇文章，有關比威斯證明那屍首就是瑪麗的這部分說詞。關於胳膊有汗毛這點，強納生兄弟報的看法顯然不夠客觀，甚至有意歪曲。比威斯並不是個笨牛，絕不會僅憑胳臂上有汗毛，就一口咬定她是瑪麗洛婕。誰的胳臂上都有汗毛，強納生兄弟報並未把汗毛做特殊解釋，的確有違證人措詞之原意。證人所說的，並非一般汗毛，而是在汗毛上一定有什麼特徵。例如顏色、長度等方面的特性。

「那位新聞記者又說：『她的腳很小——其實有成千上萬的女人腳都是小的。她的襪帶沒有商標證明，鞋上也沒有——因爲襪帶和鞋子都是論箱而賣的，她帽子上的

花飾也是相同的情形。比威斯強烈堅持的，就是大家發現這隻襪帶，鉤環扣的很緊，這不值一提；因爲大多數婦女在購襪時並不在店裏現場試穿，而是找到合適的尺碼後，回到家裏試穿時再把鉤環扣住大腿。』到此，我們很難猜想這位推論者到底是否誠懇。如果比威斯先生在尋找瑪麗遺骸時，發現了一個大小長相都相符合的屍體時，他就不再進一步求證什麼了，儘可以很主觀的說他的尋找是順利成功的。除大小長相外，他又發現屍首的胳臂上有特殊的汗毛，正與他見到瑪麗生前的一樣的話，則他會更堅持自己的意見；而肯定的程度也成正比例增加。如果，瑪麗的腳小，屍首的腳小，則認定那個屍首就是瑪麗的或然率不但要成等差級數增加，而且會成等比級數或不斷累積的增高，而且再加上那雙鞋子，就像是失蹤當日所穿的一樣，雖然也是『論箱賣的』，那簡直可以肯定的認爲就是瑪麗了。有些事情是無法明確證明的，但當時事情本身所處的地位，就已經成了最可靠的證據。拿帽子上的花飾來說吧！既然和失蹤女孩所戴的相稱，則我們根本不必再進一步找尋什麼證據。如果只有一朵花，我們當然不必再找——問題是如果有兩朵，三朵，或更多呢？每增加一朵，會有多一倍的證據——證據加證據，並不等於算術的增加，而是乘數的增加，乘到成千上百的證據。我們再來檢視死者身上的襪帶，若與生前所用的相同，由此處進行檢查，這是最愚蠢的途徑。

我們發現那雙襪帶時是緊扣的，而且是用鉤環扣住，是瑪麗自己扣的，在出門前又鬆開了。現在從這些下手存疑，更顯得神智不清，要不然就是僞君子。強納生兄弟報只見襪帶緊緊捲扣，就開始大作文章，正足以顯示作者的執拗，乃至死不認錯，其餘一無可取。因爲女人吊襪的帶子具有伸縮性，很容易就有縮捲的現象，如果要使吊帶不捲起，只需加以調整就行了，可是很少有此必要。若說發現瑪麗的屍首時，吊襪的帶子依然緊緊扣住，這鐵定是個意外了。他們總認爲光靠這些，就足證明那是瑪麗。

「事實上。並非發現的這具屍首，繫了瑪麗失蹤時所用的襪帶，或發現了她的鞋子，或她的帽子，或帽子上的花飾，或屍首的腳與瑪麗相同，或胳臂上也有個特別記號，或身材長相的相同，所有該有的證據，從這屍首身上都可以找到。此種情勢之下，強納生兄弟報的編輯若有存疑，也不必瘋狂的去查究本案了。他認爲響應律師們那些陳腔爛調是很睿智的，其實大多數的律師也沒什麼主見，只是附和一下法庭的官樣文章，當應聲蟲而已。我也發現，有些事件法院認爲證據不足，但若站在一個智者的觀點，事件本身就是最好的證據。法庭根據一般案調的原理原則進行蒐證——他們認爲的證據原則，只是限在可見的人證物證——對特殊的案件，也嚴守調查程序，反對任何隨心變化的推理步驟，認爲那是投機取巧的行爲。此種死守條文的態度，加上勇往

直前的精神，經過長時間的努力奮鬥，也許獲得最多的眞象。然而眞的做起來，碰上錯綜複雜的案子，就顯得太不切實際了；所以我們實不能絕對的說，對某些個別特殊的事件，會有什麼嚴重的錯誤發生。

「關於對比威斯暗示一節，你或許摒除了一切批評的念頭。這個老好人的性格，你已經摸得一清二楚。他愛管閒事，生活浪漫，但沒有應付緊急的才智。像他這樣的人，遽然遇上急變，反應不過來，那些神經過敏的急驚風就會產生懷疑，或心懷惡意。根據你的記錄，比威斯與強納生兄弟報的編輯有過若干次私人晤談，他根本不顧編輯所持態度如何，只拿嚴肅的事實來反駁，而堅持那屍首就是瑪麗。那家報社說，『他堅持屍首是瑪麗，可是除了我們檢視過的那些證據外，再也拿不出更有力的證據來，好叫大家信服。』現在，我們姑且認爲有力的證據絕對是舉得出來的，但他偏偏就舉不出來，我們也都相信了。隨便說張三就是李四，此種印象非常空洞。大家都認識他的鄰居，要他說出一套理由，爲什麼認識的？所有的人都會感到丈二金剛摸不著腦袋。所以強納生兄弟報對比威斯堅持的理由，沒有理由感到不滿。

「這位好管閒事又浪漫的人，他身上發生的這些疑點，正與我的假設相吻合，可是那篇文章的作者暗示他有罪，但不符合這些情形。只要我們的解釋慈悲點兒，則論

匙眼裏的玫瑰花，石板上『瑪麗』兩字，把瑪麗家的男性親友都擠開，以及『不讓老太太看屍體，囑咐B太太不准和憲兵透露什麼』等等，都變得容易理解，『除了他自己參與條件進行之外，其餘都不能干涉』更是一目瞭然。我認爲比威斯在追求瑪麗，而瑪麗也向他賣弄風騷，他得意忘形，想讓別人知道他的勝利，這點可以肯定的。再說瑪麗的母親和家屬，以那種漠不關心的態度，來反駁強納生兄弟報的看法。若他們相信屍首就是香水女郎，神情態度不該會那麼冷靜——這裏値得我們推敲推敲。

瑪麗洛婕奇案（下）

前文提要：

巴黎聖安得街的一名香水女郎——瑪麗遭人謀害。本案的凶狠毒辣，給敏感的巴黎市民帶來一陣莫名的緊張氣氛。秘密神探——杜萍的超感應力又開始活動了，他用簡單的推理過程將此神秘面紗一一揭開……

我聽到這裏忍不住想要發問，「那麼，對商務日報的意見，你認爲如何呢？」

「所有關於本案發表的文章中，這家報社是最值得注意的。這篇文章先建立一個假設，再演繹出一套判斷，都有哲理上的根據，他們的推理是極尖銳的。可惜，這個假設至少有兩處在觀察上是不完整的。商務日報想要說，瑪麗離開家不遠的地方，就已落入一群流氓之手，報紙用煽動的口氣說，『像這位年輕的女郎，任誰都認得她，怎麼可能走過兩三條街口，而沒有一人見到她呢？』說這話的人一定在巴黎住了很久—

—而且在公共場所常露臉的人——他整天在這座城市穿梭，僅止於在公共場所。他知道自己的知名度，在他的辦公室周圍十二條街以內，只要他出去逛逛，一定會碰到熟人或有人認識他，向他打招呼。他想那個香水女郎也有相同的名聲，認識的人和他一樣多，在街上遇到的人也差不多，這就是他的結論。而這種結論，只是說瑪麗和他一樣，出門前進的路線、停留的地區都相同。他之所以到處穿梭，是在一定時間和固定的區域內，所接觸的人都是居於職業關係，彼此才發生興趣；但瑪麗出門，她也許不走平日的固定路線，大體上不爲公務，或許散散心而已，若僅散心，她可能不走平日的固定路線，而逛一條新鮮的路。

「照我們的想像，商務日報認爲兩個條件是成對比的，兩人同時都穿過全城，所認識和遇見的熟人會一樣多。若按我自己的看法，瑪麗從離開自己的住處，到前往姑母的家，這之間不管走什麼路線，很可能連一些熟人或認識她的人都碰不到，這不但可能，簡直有極高的或然率。我們把這個問題說明白些，用心體認一個事實，即使巴黎最有名望的人，他所認識的人與認識他的人，和巴黎市總人口比較起來，眞是差太遠了！

「雖然商務日報的立論看起來仍舊有力，但只要我們進一步追究那女孩出門的時

間，其立論即遭推翻。該報說：『她出門的時候是上午九點，街上正熱鬧擠滿了人』。那天是星期日上午九點，大家都應該知道，除星期日上午之外，其他的每天上午九點街上是會擠滿人；而在星期日上午九點時，居民正在家中整裝準備上教堂，稍用心的人就觀察得到，上午八到十點街道上人煙稀少，十點到十一點才擠滿了人，可見在九點鐘這個時候不可能擁擠。（譯者注：請大家設想一百七十年前的巴黎人生活。）

「在商務日報的推論裏，還有一點似乎也是個漏洞。該報說：『那女孩的裙角，被撕下兩尺長，一尺寬，布條繫在她的脖子上，大概想阻止她的喊叫，準是沒有手帕的人所幹。』這個推論是否正確暫且不管，先就『準是沒有手帕的人幹的』一句推敲，按編輯之意，這是最下級流氓幹的。其實，這可能是有手帕而不穿襯衫的人所爲，你應該看的出，這些年來的流行，即使是地痞流氓、無賴漢，也都喜歡在身上帶手帕。」

我問：「那麼，對太陽報那篇文章我們要如何去思索它的原始動機呢？」

「怪可惜的，那個作者生來不是一隻鸚鵡——如果他是一隻鸚鵡，一定是同類中最突出的，他僅把人家發生過的見解，重複講一遍；當然，他把這些意見從報紙上逐條抄下，也是費了不少工夫。他說：『這已是不可抹煞的事實，最少有三、四個星期了。出事現場也已發現，還有什麼可以懷疑的！』太陽報所重複的這些事實，與我的疑惑還有一段很大的距離。現在我們再來研究這其中的一些問題。

「目前，我們先來檢視一下自己所研究的方向，你一定會注意到，負責本案的偵察小組檢驗屍首非常不仔細。老實說，要驗明死者的身分並不難，甚至說馬上就可以決定的；但是還有其他的疑點要先行確定，屍首是否在某種情況下遭受過蹂躪呢？出門時身上帶有什麼首飾珠寶？若有，發現屍首時，身上珠寶還在嗎？都沒有交代，人們也未曾加以注意，我們必須自行來探索偵查。依斯達的事情也要重新考慮，我對他這個人並不懷疑什麼，只是我們應該按自己的思維法則，逐步再去推敲其中的道理。他交給警察的自白書中，把星期日每一小時的行蹤都交代的很清楚，你該不會有什麼懷疑吧？！像這種自白書可以使案子馬上神秘起來，若他的自白書沒有問題，我們也許不再研究了。然而，正當大家對他有所懷疑時，偏偏他又自殺了，讓人覺得他的自白書根本是捏造的。就算自白書千眞萬確，總也令人費解，足以叫我們放棄正常的分析方向，而從另一個角度去思考。

「我現在所要提供的意見，是要放棄本案的內部各點，而把我們的注意力集中在這個悲劇的外在環境。別人易犯的毛病我們不能再犯，要研究案子本身的問題，其他枝節只需有心顧及就行了。法院所認同的證據和議論，只限於表面上的問題，也不很

妥當。照一般經驗可知，眞正的思想體系總是從一些不相關的事物中建立起來；而近代的科學也是循著這種原理、原則，才能預測未來。你或許不瞭解其本意，我們若查一下人類知識進展的歷程，就會不斷發現很多偉大的發明，都是在無意之間或節外生枝的情形下產生，眞是使人們想不到；凡是只針對可見的表象去觀察研究都是沒有哲理頭腦的，在科學上已承認『意外』是科學基礎的一部分，我們且將機運這種事當做能加以計算的。把別人想不到與看不到的弦外之音，統統納入我們的研究系統中。

「我重複講一遍，一切的眞理幾乎都是從枝節的意外中發現，這是千眞萬確的；現在我偵察這件慘案，就是根據這種精神來進行的，從當初被發現的殘破現場，到目前所有圍繞本案的四周環境，都要緊緊把握。你對那份自白書可能已經採取可信的態度，但我們卻還要進一步去研究那些輿論。到目前我們所偵查過的，與大家所研究的並無不同。假如根據我的意見，再來仔細檢查報紙上的內容，你會發現一件奇怪的事，報紙並未能提供我們建立起偵查方向。」

× × ×

我接受杜萍的建議，重新仔細研究那份自白書，並沒有發現任何問題，仍肯定它的可靠性，亦是同意依斯達沒有犯罪。當我在研究自白書時，杜萍也開始閱讀各報的分類檔案冊，在我看來那是多餘的。一星期後他給我一份摘要，節錄如下：

「大約三年前，瑪麗洛婕也曾在皇宮街附近，勒伯郎先生的香水店裏失蹤過，引起了和目前相同的震驚。一星期後，她又出現在平日辦公的櫃檯上，人也平安無恙，只是臉色有些蒼白。據她母親說，她是到鄉下一個親戚家裏待了一個星期而已；這件事很快的平靜下來，慢慢被人淡忘。我們揣測，她現在的失蹤也許與三年前同樣，大家又被戲弄了，或許在一星期後、一個月後，她又出現了。」——六月二十三日星期一，晚報。

「昨天有一家晚報，提到瑪麗洛婕以前神秘失蹤的事，當她在勒伯郎的香水店失蹤期間，她是和一位行爲不檢的海軍軍官泡在一起，據說兩人吵了一架，使她又回家了。我們知道這個浪蕩子，他的部隊就駐在巴黎，居於某種原因，我們不便公佈其姓名。」——六月二十四日星期二，晨報。

「前天，在郊外發生一件殘酷的暴行。有位紳士帶著他的妻子和女兒，黃昏時準備渡過賽納河，正好河岸有六個青年在划船戲水，就乘他們的船過河。到了對岸，這三個旅客離去，已經走得快要看不見船時，他的女兒才想起洋傘丟在船上。她回去找洋傘，被那群流氓截獲弄上船去，一陣獸慾摧殘後，又將她送上岸。現在這群歹徒已

逃得無影無蹤，警察正四處追捕，想必難逃法網。」——六月二十五日，晨報。

「我們獲得一些消息，是在說明最近這件暴行慘案，兇手是一個莫奈斯的人，但是這名男子涉嫌被捕後，但證據不足，經法律程序審詢後，已被釋放了。我們覺得記者的熱誠有餘，而深度不足，所以這則新聞最好不要發表。」——六月二十八日，晨報。

「我們接獲一些可靠性很高的情報，這些消息都是從各種不同的管道發出，都不約而同的指出，不幸的瑪麗洛婕小姐於星期日在郊外，被一群作惡多端的孽種所姦殺。我堅決贊同這種判斷，馬上利用版面，把消息批露出來」——六月三十一日星期二，晚報。

「星期一那天，稅務官員雇用了的一個船夫，看見一條船從賽納河上游漂下來，帆放在船底裏，船已被船夫拴在碼頭。翌日早晨，船就被弄走了，職員們都不知道誰弄走的，舵還放在辦公室裏。」——六月二十六日星期四，標準報。

我讀過這些不同的剪報摘要，不但覺得毫無相關，而且更加迷糊了，那一點是對目前案件有所幫助的，我期待杜萍的解釋。

他說：「目前，我並不想在這些剪報上下工夫。我抄下來的最大用意，是要讓你看看警察疏忽到什麼程度；據我所知，這位警察總監對涉嫌人員的調查，很意外的把那個海軍軍官忘記了。如果他認爲瑪麗的兩次失蹤，跟那位軍官毫無關係的話，眞是笨到極點。我們可以假設，她第一次是爲情私奔，結果情人倆大吵一架，她又回家了；第二次如果也視同情奔，則可以看成是原來的追求者所促成，而不是另一個新歡追求的結果——我們把它看成破鏡重圓，而不是另結新歡。第一次叫瑪麗同他私奔的人，這回又促成第二次私奔，其可能性比另外一個男人要求她私奔更易被她接受，機會約爲十比一的比例。此時我倒要提醒你注意一個事實，兩次私奔中間的時距，比海軍軍艦的定期巡邏，只多出幾個月來，她的情人是否有意毒手摧花，結果因出海巡邏而中止呢？或是他此次回航，就準備抓住機會幹掉她——以完成他的恐怖計畫呢？關於這些事情，我們都一無所知。

「也許，你會問說，她第二度失蹤並非如我們假設的爲情私奔，當然不是——但是，難道就可以否定他曾有這項計畫嗎？除了依斯達，再算一個比威斯，就找不到有光明正大追求瑪麗的人嗎？大家好像未曾提過這樣一位男人。這個神秘的愛人是誰？連瑪麗的親屬都不認識的，而瑪麗卻在星期天早晨跟他去約會，她把他深深的藏在心裏，又毫不遲疑地同他在威鷹社區的荒郊叢林裏待了一天，直到日落西山，他是誰？

我要追查，這個大多數親屬都不認識的神秘情人到底是誰？而且正當瑪麗出去時，洛婕老太太那句古怪的預言是什麼用意？她不是說『我恐怕再也見不到瑪麗了』？

「但是，我們無法想像，洛婕老太太是否知道此次私奔的計畫？也不知道瑪麗葫蘆裏賣什麼膏藥？她要出門時，說過要去都門街看她姑母，並叫依斯達在天黑前去接她回來。這是事實，乍看之下，似乎和我的推論相抵觸；但是，讓我們深入思考。她確實去會另一個情人，兩個一起過了河，直走到那片荒郊野外，時間是下午三點鐘，這些都是已經證實過的事實。她在這樣做的時候（姑且不管是什麼用意——她母親也不知道），她應該要想到離家眞正用意是什麼？也應該想到她未婚夫要去接她時，一到都門街發現她並沒去，帶著驚亂的心情回到宿舍……她把依斯達的懊惱與失望，把大家懷疑與猜測，全都豁出去了。她壓根兒就不想回來收拾爛攤子，也無法回來面對這些懷疑。如果我們的推理不錯的話，那麼她是不會回來的，這裏的滿城風雨對她而言，也不過是雞毛蒜皮小事情，不足掛齒。

「這件事可以這樣推測——『我爲了要私奔去會一個人，或者是爲了某種他人都不知道，只有我知道的目的，要弄得天衣無縫——必須有充分的時間離開家，以躲過別人的追趕——最好說我要去都門街姑母家裏待一天——告訴依斯達天黑前不要去，

等到天黑再去接我——這樣一來，我的時間寬裕，也無人會起疑心，眞是好辦法。我若硬性叫依斯達天黑再去接我，他就不會早去；如果我不硬性這樣說，他可能等不到一整天，就焦急的去接我，我用以脫離的時間豈不更短了。那麼，如果我是計畫出去和那個軍官散散心，還要再回來的話，我就不會叫依斯達去接我了；因爲，他一去接我，萬一發現我對他的不忠——這件事情，我只是想瞞過他，讓他不知道一切眞相，可是，我現在的計畫是絕不會再回來了——至少是幾個禮拜不回來——或者把所有實情都隱瞞下來，神不知鬼不覺後再回來，爭取足夠的時間以便脫離，就是此行唯一的重點了。』

「在你的記錄中，提及各方面對這慘案的意見，始終認爲那女孩是犧牲在一群流氓手裏。在某些情況下，公衆輿論是必須顧及的。當這些意見不斷提出——它是很自然而嚴格過濾後才提出來的——它可以視同類似一種直覺的東西，直覺可以說是天才的物點，百分之九十九的案件都難逃這扇智慧之窗，而經由直覺透視的途徑破案，但是找不到有根據的明顯痕跡。所謂『公衆輿論』，必須發自公衆自己的原始本意，極難了解或把握得住它的關鍵點，就目前情形看，我認爲『一群流氓』這段公衆意見，已在我的摘要第三段被修飾過，已非公衆的原始本意了。一個年輕貌美又著名的瑪麗

小姐，她的屍體被人在河面上發現，並有許多遭到暴行的痕跡，這個案子震動全巴黎市。現在大家又知道另一個慘案發生，假定就在瑪麗遇害的同時，也出現一群年輕的光棍，把一個年輕女孩殺害，受暴行的程度和瑪麗差不多。人們知道凶殺的行爲，居然能使公衆輿論影響到尙未定讞的案子上。這不是很奇妙的事嗎？前面所說的，甲乙兩案同時同地發生，而乙案的內容竟能用來破解甲案！瑪麗是在河裏發現的，乙案也是在同一條河上發生的，兩岸很明顯的有些關係，但很奇怪，大家卻不會欣賞或窺破這層道理。

「但是，事實上，大家知道乙案的來龍去脈，正是最佳證據，足以說明甲案如何造成。比如說，有甲群流氓在某地點，幹下震驚的凶案；在同時同地，也有乙群流氓用同樣手段，幹下相同的案子。這眞是天大的奇蹟了，如果這還不算什麼，那麼公衆在意外情況所提的意見，又如何能叫我們相信呢？

「接著要研究的是，威鷹社區附近那片叢林，假定是慘案的第一現場。這片叢林，雖然濃密，可是距離公路不遠，林地中央有三、四塊大石頭，圍成一張座椅的情形。靠頂邊的石頭上有一條白裙子，下邊的石頭上有一條絲圍巾，另有一把洋傘，一付手套，一條小手帕，手帕上繡有『瑪麗』的名字，四周的樹枝上，有衣服撕爛的碎片，

地上踐踏凌亂，矮樹折斷，這個現場證明了此地曾有猛烈的打鬥。

「儘管這個現場的發現，引起各界報社一陣嘩然，認爲就是本案的第一現場，裏面仍然充滿著疑點。不論我相信或不相信這裏是出事地點——但至少我有充份的理由去懷疑。如商務日報所說，凶案現場在聖安得街附近，歹徒還在巴黎市逍遙，而這群無法無天的登徒子察覺輿論箭頭對準他們，一定開始驚惶失措。很可能泛起一種念頭，企圖誤導警方調查方向，認爲叢林裏既然已被人懷疑，乾脆將計就計，把瑪麗的東西拿幾樣放在石頭上，但按太陽報推測，樹林裏那些東西放了不止幾天，這可以說是無根據的說法。

「再想想，若非爲了引人注意，則從星期日案發當天起算，到小孩子發現那些東西爲止，這二十天的時間，是不會有這些衣物存在的。太陽報說：『這些東西都霉爛變硬了』，這些是配合前幾篇文章而發表的。前幾篇說過，『因爲雨水浸蝕，都已經發霉了，到處又已長滿野草。洋傘的綢緞雖很結實，不過纖維已變質，稍一動就會撕碎』，關於『到處長滿野草』一節，顯然只根據那兩個小孩的話來發表的。小孩把那些東西弄回家裏，被第三者碰見了。野草是要長高的，特別是慘案發生的時段，天氣暖和而潮濕，草一天會長高兩、三寸。一把洋傘放在新生的草上，只需一個星期就會

被長草掩蓋。太陽報一直在強調發霉的問題，其實他們根本不知道這種發霉是什麼？讓我們告訴他們，那只是野生眞菌類的一種，其生命週期通常只有二十四小時左右。

「因此，我們一眼就能看清，報上許多文章認爲那些東西在樹林裏，至少放了三、四個星期的說法，很是荒謬。而太陽報盲目的發表支持意見，還自鳴得意，可見這些理論是捕風捉影，沒有證據可言。另一方面，若說這些寫文章的人曾在那叢林裏停留一星期以上——從案發當日的星期天到下一個星期天以後，更是難以令人相信的事。凡是對巴黎附近熟悉的人都知道，除了距離郊外很遠的地區，否則極難找到一處眞正被人遺忘的地方。若說那塊叢林裏面是桃花源，絕少有人來過，這個設想未免太天眞。如果有個愛好大自然的人，住在巴黎這個大都會裏面，成天被囚禁在塵土及蒸氣的羈絆中而不能脫身，終於找到一個週末，他跑到郊外去享受大自然的幽靜，就會發現郊區樹林的清潔寧靜，早就給一群不良少年破壞了。那裏變成又齷齪又骯髒的死角——那裏是被嚴重褻瀆的神殿，想要尋幽訪勝的人，只好失望地再回到充滿污染的巴黎城市。郊外因爲不該被污染而反受污染，市區反而沒有那麼污穢了。可見，週一到週六的六個工作天當中，郊外一樣有不少人，到星期天更是人山人海呢！那些流氓到了星期天解除所有工作壓力後，不去幹點壞事是不會罷休的，就成群結隊跑到郊區去。他們不是去鄉下看風景的，他們壓根兒就輕視鄉下那地方，他們只想去胡鬧一陣。他們可以在公路旁的小旅店裏，或濃密的樹蔭下，儘情歡樂，高歌痛飲，不受任何約束與監視。我再說一遍，各報社所報導叢林中的情況，與事實不合，只要到郊外去待一個星期，就知道沒有什麼神秘色彩，若由一個冷靜的觀察者去看看，情形就更明朗化了。

「還有其他根據可以證明，是有人在故佈疑陣，讓報社認為第一現場是在那叢林內，以誤導警方偵辦方向，轉移社會大衆對眞正第一現場的注意力。首先讓我指點你注意，各報社批露發現那個現場的日期，和我的剪報摘要第五段做個對照，你會發現，報紙所發現的時間，差不多是緊跟在通訊員送稿件給那家晚報後，那些稿件的內容和來源雖然不同，但都有同樣的企圖，把力量集中在一點上，那就是叫人相信兇手不止一個人，而是一群流氓，行兇現場就在威鷹社區附近。這段消息發表後，幾乎全部左右了群衆的注意力。這才引起我們的懷疑，所該懷疑的並不是那些小孩發現的東西，而是這些孩子們以前為何沒有發現呢？一定是那些東西尚未放在樹林中。遲至發現前些時候才放的，那也鐵定是揑造這消息的歹徒，自己在放出風聲之前放的。

「這片叢林頗特別的——很特別，非常濃密，四週形成天然林牆，中央有三塊大石頭，排列成一張帶背的座椅，下邊還有腳凳，這片充滿自然美的樹林，是德魯克太太房子的近鄰，距離不過幾呎遠，孩童天天都到林子裏找黃樟木樹皮，我敢打賭——賭一千次，孩子們天天到叢林裏，說沒有看見那些東西，簡直是睜著眼睛說瞎話。如果還有誰不信邪，要來打贏這場賭，那他若非沒經過童年，就是忘了孩子們天眞活潑的氣質。我再說一遍，這些東西若放在叢林一、二天以上，而未被孩子們發現，是不可能的事，所以，我們握有最可靠的根據來存疑，儘管太陽報多麼頑固無知，我們仍然要懷疑那些東西是後來才放的。

「除了前面提出的理由外，我還有更有力的理由，證明那些東西是後來才放上去的。請你注意，那些東西的陳列方式，極度人工化，頂邊的石頭上放白裙子，下邊的石頭上放圍巾，四週散布有洋傘、手套、繡有瑪麗的名字的小手帕。這個陳列就是當事人想安排得自然些，卻適得其反，一看便知是經由人工事後故意放的。如果是我的話，倒不如把所有東西扔到地上，用腳踏踐一陣還自然些。我們想想，樹蔭下的空間並不大，許多人在這裏打群架，扭成一團的情形，有可能依次把裙子和圍巾都準確地摔到石頭上嗎?簡直不可能。報上說，『有鬥毆的痕跡，地上踐踏凌亂，矮樹折斷』，爲什麼裙子和圍巾放在那兒，安然無恙，就像在衣架上呢？『裙角被枒枝撕下那塊，約有三寸寬六寸長。有的是裙子的底邊，補過的，好像撕成條狀的。』顯然太陽報的口氣也不肯定，不知不覺的存有懷疑的態度，這些被撕下來的，看上去確實是撕成條狀，看得出是故意撕的，而且用手撕，進一步研究這種衣料，若被荊棘或釘子突然扎到，也不可能一下子撕成長方形——而是撕成兩道九十度角的長三角形。我從未見過這種衣料可以撕成方塊形狀，你大概也沒見過，要想把這種衣料撕下一塊，通常須要有兩股明顯的力量，朝相反方向撕。如果衣料的兩道邊緣相對著——例如像一條手帕的形狀，要想撕一長條來，只要這種情況不用兩股力量，用一股力量便能撕下一條。現在的問題是一件衣服，只有一道邊。要從衣裳中間撕下一塊，衣服中又無邊，由一個荊棘是絕對撕不下來的，要有兩個荊棘，朝相反方向撕才行。

「這個條件還得假設裙子的底緣不縫布邊的，如果有車布邊，情況又不一樣。由此一堆敲研究，我們可以一目瞭然，光靠荊棘要把衣服撕下一塊，其實是很難的。報上的文章說：『部分是裙子的底邊』，另有一篇說『是裙子的一部分，而不是車邊的底緣』——這等於是在說，是從沒有縫邊的一塊布料上有意撕下來的呀！我認爲誤信這些事情是可以諒解的，不過綜觀整個新聞報導，有參考價値的東西不多，而幫助兇手來誤導輿論的資料卻很多；因爲任何謀殺案發生後，歹徒把遇害者屍首移走時，一定會清理現場，不留任何痕跡，不可能會再留下一些證據資料，使人見了就毛骨悚然，引發同情心。你或許不瞭解我的企圖，就算我們打算推翻樹林裏是出事的第一現場吧！那片叢林也許什麼都沒發生過，也許案發地點就在德魯克太太家裏，這些事情我們暫且不表。

「我們打算不費吹灰之力，就可以找到案發現場，首先當然要把主謀揪出來才行。我的觀點雖然瑣碎，但可歸納成兩點：第一是指出太陽報過於輕率，隨便妄下論斷；第二點也是最重要的一點，引領你循一條最自然的途徑去思考，到底本案是一個人所爲呢？還是一夥人幹的？

「我們再看看負責檢驗的外科醫師，他提供了一份不合理的報告，有關推論歹徒人數一節，既不公平又缺乏根據，被巴黎所有著名的解剖學家批評得體無完膚。大家所批評的不是說他距事實有多遠，而是他根本在胡說。

「現在來研究『毆鬥痕跡』一節，首先要問，這些痕跡顯示些什麼？是一群人做的嗎？或者乾脆說一個人所爲呢？打架的情況又如何？那一種鬥毆這麼激烈，可以留下這麼多不同的痕跡？一個纖弱、毫無自衛能力的女子，和一群橫眉豎眼的惡漢大打出手，會有這個情形嗎？恐怕兩隻粗臂伸出來，就足以輕輕鬆鬆把她擺平吧？！被害人根本毫無招架之餘地。說到這裏，你心裏應該明白，我們反駁叢林是出事地點的說

法，主要在駁斥多人所爲的觀點。假定只有一人行凶，就可以明顯的看出，怎麼會有這樣激烈凌亂的現場呢？怎能留下這麼顯著的痕跡呢？

「再者，我已提醒過的，那些東西竟然都留在叢林中，而絲毫未損，是很值得懷疑的。若說兇手無意掩藏罪證是不可能的，他能把死者移走，足證他有掩滅罪跡的心思。而那些比屍首更有證據力、更易於消除滅跡的東西，又爲何棄之不顧？引人懷疑，我認爲這是故佈疑陣的手法，注意小手帕上瑪麗的名字，就能窺破這層天機。若說這是無意間留下來的，也絕非一夥人所爲，因此我判斷這只是一個人而已。

「讓我來分析，這是一個人的道理。假定這時他已做完案了，現場只有他一人和死者的鬼魂同在，他越看越發毛，剛才內心那股衝動全消失了，腦子也清醒過來，不由得對自己的行爲產生畏懼。孤單的恐懼感侵襲上來，他失去了抵抗的意志。他只想到一個人和一具屍體在一起，渾身戰慄，不能自制。在這種恐慌的情況下，只想到屍體要怎麼處理？於是就將屍首拖到河邊，而把那些東西統統丟在叢林裏不顧了；因爲要把屍首和其他證物全部帶走，負荷過多，似乎不可能。他想先處理屍體，再回來把那些東西帶走更方便些。當他一想到這趟艱苦辛勞，奔到河邊豈不累倒，內心的恐懼感自然又增加一倍。他終於啓程了，遠處的人聲、車聲使他前進速度緩慢，似乎不斷

看見或聽見有人在窺伺，城裏燈火光影使他心慌意亂，四週的一切都好像魑魅魍魎向他逼進，他鼓起勇氣奮鬥掙扎，停停走走，躲躲藏藏，總算到了河邊，除去身上可怕的負荷，船可能是最直接可用的工具。試想犯人還膽敢回程走上那條可怕之路嗎？還有勇氣回叢林收拾那些令人發寒的東西嗎？他決定三十六計走爲上策，那管得了什麼後果！他唯一的想法就是快逃，猛地一個轉身背向恐怖的叢林，跑啊！永不回頭。

「如果是一群人幹的，又是什麼情況呢？一群無賴本來是沒有什麼膽量的，但人多勢衆可以增加信心。現在他們人一多，壯起了膽子，前面單獨一人所發生的恐怖緊張自然的消除。他們會把現場所有罪證全部消滅，假設其中有一人、兩人或三人有所疏漏，第四個人也能加以補助。這一群人做完了案，一定會仔細清理現場，把所有東西帶走，無需第二次再回來。

「還有另一個情況要考慮，屍首發現的時候，她的外衣已被撕下來，『約有一尺寬，從衣服的底緣往上撕到腰際，再圍著腰繞三圈，用一種掛鉤在背後固定起來』。這個辦法，顯然是想在屍首上做個提把好提著走，在一個人的時候必須如此權宜行事。若是一群人——至少三、四個人的時候，屍首四肢就是四個最好的搬運把手，何需再多此一舉呢？這個情形也可以拿來與另一件事情對照，另外一件事是『叢林到河邊之

間的籬笆弄倒了，地上有很明顯拖拉的痕跡』。我們想想，有一群人足以把屍首從籬笆上抬去何必白費氣力把籬笆弄倒，再抬過屍體呢？這一群人可以把屍體抬著跑，何必在地上留下這麼多痕跡呢？

「再來研究一下商務日報的看法，有的前面已經批評過，它報導說『不幸的女孩！她的裙子被撕下一塊，從下顎前端綁到頸子後面，可能是阻止喊叫的，這鐵定是沒有手帕的人幹的』。

「我前面提醒過，一個道地的無賴流氓，身上總是帶著手帕的，但現在要分析的稍有不同，並非商務日報所說的犯人沒有手帕，而是手帕掉在叢林裏，才從衣服上撕一塊來綑住脖子，所謂『阻止喊叫』也不盡合理，因爲還有其他更好的辦法。一般的證詞說，『發現屍首時，頸子上繫著這條帶子，綁的很鬆，但打死結』，這段話說的太模糊，且與商務日報的說法有極大區別，證詞說這塊布條，有十八寸寬，雖是細棉料子，但摺疊起來足可製成一條長帶子，發現時確是這種情形。我的推論是這樣的：這位孤獨無助的兇手，用撕下的布條子綑住死者腰際之間，提著走了一個相當長的距離（暫且不論從那裏起程），開始覺得負荷過重，體力不支，他打算把它拉著走，證詞曾經提屍首有拖拉的痕跡。他靈機一動，把帶子繫在頸子上，頭部正好可以卡住，帶子不致脫落。起先歹徒想把腰部的帶子解下再用，經再三考慮，認爲解來解去費時又費事，從裙子上再撕一塊來用豈不方便？所以就從裙子上撕一塊綑住頸子，拉著走到河邊。也就是說，頸子上的帶子是在途中發生困難時，不得已的權宜之計，由此也證明，他原本有手帕，是在離開叢林到半路之後找不到了，只得用這個辦法。

「不過，在證詞上提到了德魯克太太的供述，特別指出案發時，在叢林裏確實有一夥人，這我承認。但我也懷疑當時那一帶荒僻的郊區。像德魯克太太說的情形恐怕不只一群人，連十幾群都有可能。老太太所尖酸指謫的這群人，他們的來到與離去雖稍嫌太晚，叫人發生懷疑；這位誠實而精明的老太太，爲什麼只講這一群而忽略了其他呢？原來是這群人曾經到她的店裏白吃白喝了她的白蘭地，老太太懷恨在心，你說是不是啊？

「此時要推測的，是德魯克太太供述可靠性有幾分？『出現一夥流氓，白吃白喝，胡鬧一陣，就向著那對年輕男女所走的路上揚長而去。大約天黑時又回到小旅店來，神情匆忙，又渡河過去了。』

「現在說的『神情匆忙』四個字，在當時德魯克太太的感覺裏，很可能只有『比較匆忙』而已。因爲那夥人白吃白喝了她的酒菜，她還在心痛呢！正指望他們回來能多少給一點錢。只可惜，那時候天已快黑，能叫他們不匆忙嗎？事實上這群流氓一見天色已晚，回家要渡河乘船，河又寬，水又急，夜幕將要低垂，自然是神情匆忙啦！應該不足爲怪才對。

「我說天已快黑，是說那時天還沒有黑。不過是天快黑了，那群無賴就心急起來，看在德魯克太太眼裏，不覺滿肚怒火，又據聞，到了這天夜裏，老太太和她的長子都聽到旅店附近，有女子的尖叫聲。德魯克太太如何確定她聽到叫聲的時間呢？她說是『天黑後不久』。但所謂『天黑後不久』，至少是說天已經黑了！而說『大約天快黑了』的意思，就是說還是白天。所以，這群人離開那荒郊野外時，正是德魯克太太聽到尖叫之前，這一點可以明確地肯定。在其他供證詞中，都提到這一點，也和我一樣的，遣詞用字各有巧妙不同，但供詞已經說的很明顯，只是聽到尖叫的時間有極大出入，這些各家報社都疏忽了，而那些唯命是從的警察，根本不會去注意這些細節。

「我還有一個理由，可以支持我反對本案是一群人所爲的推理。就我個人觀點而言，我認爲我的推理是天衣無縫的，是無懈可擊的。懸了巨額獎金，市民委員會又保證有從犯出來檢舉主謀的，可以獲得法律充分保障不予治罪，此種情況下，這群見利忘義的傢伙不有人出賣他的同黨，眞是太抬舉他們了。公佈懸賞之後，他們並非著急

要錢。或急著企圖潛逃，而是彼此害怕被出賣。這些人中間是有狠角色，先下手把別人出賣，總比自己遲早被人賣了更好。而本案到目前爲止還是詭譎神秘，毫無半點洩露，這是一個很明顯的證據，證明這個慘無人道的暴行，事實上是『一』個，或頂多『二』個人，以及上帝知道。

「現在我們把這零零碎碎的分析，歸納起來做個結論吧！這個慘案若非發生在德魯克太太的旅店內，就是發生在那個叢林裏。做案的人可能是死者的情人，或是另一個親密的伴侶，這個伴侶，膚色黝黑。此種膚色，加上綁在屍首上帶子的結，帽帶上打的水手結，都證明這是一個水手幹的。他和這位開放而不淫蕩的少女交往，顯然他的階級是超過一般水手的，而他有能力向各報館發布消息，動作迅速，稿件寫的又好，這兩點也是相互符合的，本案關鍵是每週星報所提醒的，第一次跟瑪麗私奔那位海軍軍官，從頭到尾都是他才造成這幕悲劇的。

「說到此地，極需進一步研究那位黝黑的軍官，他爲什麼不再出現呢？眞的值得研究，這個人有古銅色的皮膚，黑裏透亮，黑的特別，才引起公車司機瓦寧斯和德魯克太太的注意，但是他爲什麼突然消失呢？他也被那群歹徒殺害嗎？果眞如此，爲何只見女孩遇難的痕跡？照理說兩樁凶案該是同時同地發生的，他的屍首呢？兇手處理

這兩個屍首必然是同樣的手法，這是最大的可能。當然也有理由說他還活著，因害怕受到牽連而躲起來。這樣的考慮現在也可以用在他身上，因爲有證據可以證明他和瑪麗在一起，如果事件剛發生時就這樣下結論，就顯得太過武斷了，證據也不夠。

「一個沒有犯罪的人，他第一個動機就是設法揭發那些歹徒的罪行，也會出庭做證，這一點只要稍有頭腦的人，就能顧慮得到的，大家都知道他與那女孩同行，一起乘渡船過河，要想洗清罪名就得挺身而出，縱使是個白痴，都知道唯一的辦法是去報案，把眞兇揪出來。居於這個理由，我們很難判斷這件悲慘之夜的刑案，是否確實與他無關？如果無關，而且他還活著，可能是想出來報案，但受到極大的阻礙。

「我們如何知道本案的事實眞相呢？只要我們順著這個思維程序往下發展，就能發現許多途徑，使案情逐漸明朗，先從第一次私奔追蹤下去吧！我們要知道那位『軍官』的出身背景、目前情況，以及案發當天的行蹤；把這些資料與送到晚報去說本案是一群人幹的消息，兩者做一個詳細的對照。做完這件工作，再與前一陣子送到晨報去堅持莫奈斯是兇手的消息，也做一比對，特別注意寫作風格與字跡。這些都做完之後，再把資料拿來和所獲得的那位軍官筆跡相對照。緊接著要探知的，是不斷重複偵訊德魯克太太和她的孩子們，以及那位公車司機瓦寧斯，才能詳細確定那位『膚色黝黑的人』的容貌、儀態是什麼樣子。只要把調查工作設計的技巧些，一定可以從這些人身上挖出點實情——這些寶貴的資料可能連他們自己也不清楚自己是知道的。再來追查那艘船的失蹤，六月二十三日星期一早晨，正是屍首發現稍前。駁船船夫撿到的那條駁船，船上沒有舵，連碼頭辦公室的職員都不知道的情形下，又被人偷走了，只要我們積極小心繼續追查，不難找出船的下落，因爲不但撿到的船夫認識它，而且也可以找到舵來印證。船舵丟了絕對有人會找，失主一定很心急。

「此時要先繞到另一個問題上，撿到這艘船後，並沒有公佈招領。船是靜靜地被拉到碼頭裏，又不聲不響地被弄走。這其中定有蹊蹺。船主或使用人——怎麼知道船的消息，除非此人和海軍關係密切——有極良好的私交，才能摸清海軍裏頭的詳情，包括地方上瑣碎的消息。

「前面已經提過的，那位孤獨無助的兇手，把屍首拖到河邊的時候，最有可能運用的就是船。現在要知道，瑪麗是否被弄上船後，再被推下水的，依當時情況，這個可能自然很高，因爲屍首不可能丟在岸邊的淺水地帶。死者背上和兩肩那些特別的痕跡，就是船底的稜板所造成。屍首被拋下水時沒有綁上沉重的墜物，與我所料不謀而合。如果從岸上拋屍，一定會繫個墜物下沉。現在屍首拋下水沒有綁東西，定是兇手有疏略所致，上船前忘記準備，等把船搖遠了已來不及。拋屍下水時也發現這項疏忽，但已無可補救。他想岸邊必是危險重重，遂找個陰黯荒廢的無人碼頭，跳上岸後，向城裏一路狂奔。丟下那條船——會把它栓好嗎？他當時一陣慌亂，早就自顧不暇，那有時間再去繫一條船。再者，果眞栓住那條船，豈不留下一樁對自己不利的證據嗎？他滿腦子想的，就是把跟自己有關的案情全部拋到九霄雲外，拋得越遠越好，不但自己要迅速跳離碼頭，連船也不能留下來，他當然把船一推，任它漂流。

「我們再繼續推論下去。翌日早晨，這個狼狽的惡徒發現那條船被人撿去，栓在他自己經常要去的地方，開始感到一陣莫名的害怕——可能是職務關係，必須經常去那個地方；這天夜裏，他沒有去找舵，就把船弄走了，現在這艘無舵的船又漂向何方呢？讓我們把它當作一個要尋找的目標吧！只要瞥見一點蛛絲馬跡，就是我們成功的初步。這艘船很快就會引導我們回到可怕的星期天，去見夜裏使用過它的人，案情就會急轉直下，證據又拖出證據，本案的主謀就會原形畢露。」

落幕（原著者愛倫坡對本篇小說的總結）

此時要向各位稟明的，我所談的這些不過是「瞎貓碰到死老鼠」而已，其他別無

神奇了。看完整篇小說就能證明我說的話。

在我的心底，我承認宇宙間有一種超自然的現象存在，「自然」和「自然之上的神」是不相同的兩者，這是有思想的人都無力否認的事情。而神創造天地之後，當然還能隨意統治或加以修正，應是無可懷疑的。我說「隨意」，是因爲神可以修正這個大自然，是屬於「意志」的層面，沒有什麼瘋狂的力量可以顧慮的。

並非是神不能修正祂自創的「自然法則」，而是我們經常感覺到有修正的必要，也有補正的地方，但是在祂認爲是多餘的，我們就誤以爲祂訂的法則永遠不能修正。在神創造天地時，祂就把未來所有可能發生的意外事故，全部考慮在祂的自然法則之中了，萬世之後的萬事萬物之道理也逃不出這法則，在神眼裏，現在就可以包括一切了。

再說一遍，前面所談的那些不過巧合。從我的敘述裏，各位可以看出那位不幸的瑪麗茜茜莉亞·洛婕絲和這位瑪麗洛婕，在她們生長歷程中的某些關鍵處，存在著極爲相似的地方。此種事情，不論你是多麼理智清晰的人，都很難一絲不苟的把它弄清楚。各位可以慢慢體會我的用意，我把瑪麗這則悲劇故事從頭敘述到此，卻保留了故事的結局，似乎有點「神龍見首不見尾」樣子。其實我的本意是想用她的故事來做別

種案件的教材，把它當成爾後案件調查的原則，例如在巴黎案件破案的邏輯思考程序，也能推演到其他方面。

在本案不同的兩位瑪麗之間，其間的差異眞是微乎其微，可以說是差之毫釐，失之千里。若不小心將兩者牽扯在一起，其結果就和算術誤算一樣，中間有一處算錯，後面就一錯再錯。若各位尙記得，我在前面提過的「或然律計算方式」，是嚴禁有「放之四海皆準」的觀念。積極與消極的假設，應隨著案件拖延時間之長短而調整，這是一種變則。對這種變則的運用，看似與數學無關，其實只有數學家才能運用的靈活，這並不足爲怪的。

拿擲骰子爲例，要說服一般人，說頭兩次連續擲出三個六來；有頭腦的人，馬上可以接受這樣的推理，因爲前兩擲與第三擲之間，並無必然的邏輯關係，再擲出第三回的三個六點是有可能性的。這種道理很明顯而且合理，如果有誰要去反駁，我想只是一個站在旁邊講風涼話的人，對這些更深的道理就未曾細想過。若說過去發生的事情，可以決定未來，那眞是荒唐到了極點——一個天大的謬誤，導出一件不幸的風暴——還好，這些現在和我沒有關係了，我可以不必多浪費口舌，更何況就是叫一個有哲學素養的人來講，他也說不出所以然來，關於這一節，有一句很重要的話要交代：在

推理過程中，若一心追求不變的原則，就會有謬誤，接著會產生一連串的錯誤來。

後記

這篇小說曾在一八四二年十一月、十二月，和一八四三年二月，發表於紐約「史諾頓婦女雜誌社」，是從一個真實案件引發出來的靈感。據真正的案件中，在紐約市郊，有個名叫瑪麗茜茜莉亞．洛婕絲的女孩被殺，社會輿論為之嘩然，到小說發表時仍是個懸案。

愛倫坡根據兇案資料，引發寫作靈感，假托是描寫一個巴黎女郎的遭遇，並利用這篇小說做推理上的研究，真實的謀殺案中兇手有兩個人，本文中的德魯克太太就是其中之一。他們的各種供詞，正好可以當做小說的結語，不但情節可以獲得證實，甚至導向結語的各種假設也全部獲得證實。

從地獄歸來

我很痛苦——因爲那陣長久壓迫在心中的苦悶，痛苦的快要死了；他們終於鬆開我，我被獲准坐下的時候，就感覺到靈魂離了體似的，心智開始失常了。可以說生不如死，簡直是瘋了！

那道宣判——可怕的死刑判決——是所有傳進我耳中的最後一段清晰般的語句。此後，這道判決的聲音遽然幻化成一種夢境，模模糊糊在耳中嗡嗡作響。它使我的心靈產生了天旋地轉的感覺——也許是聯想到水車車輪運轉所發出來轆轆之聲吧！這種情形只維持片刻，現在什麼也聽不見了。但是，才過一陣子，我又看到——或許是我太誇大形容其恐怖——我看到黑袍判官的嘴唇。他們在我眼中的視覺是蒼白——比放在我前面的紙張還白——雙唇薄得近乎是荒謬怪誕，是一種帶有強烈堅定的削薄，如兩柄利刃，表示出無可撼動的決心，根本就是鄙視人世間這些痛苦，對一切折磨苦難都不爲所動了。

我看見擺佈我命運的判決，仍然從那些嘴唇中發出來，我看見他們折騰了半天工

夫，才唸出一道要命的句子，我看見他們一個個身軀都變形，弓成我姓名音節的模樣。天地間突然靜止，我開始戰慄害怕。身子不由自主的，抖顫抽噎！

緊接著，又有一段瘋狂恐怖的時刻，我也看見這個房間內的牆上，覆蓋著黑貂幃幔，柔軟得幾乎沒有波紋存在，然後我把視線落在桌上的七根蠟燭。起先它們一臉慈悲爲懷的面容，很像白皙苗條的天使，會救我脫離火坑；然而，剎那之間，我的心頭湧上一陣極端可怕的厭惡感，身上所有神經都在顫抖，就像觸摸到通電的電線似的，天使的形像扭曲醜化成無聊的幽靈，帶著激憤焚燒的紅頭，我察覺出他們無益於我。甚至根本是來索命的，黑白無常吧！

此時，在我所幻想的空間中，靜悄悄地飄來一個思緒，就像一段動人美麗的音符，聯想起那必是只有在墳墓裏，才可能享受到的那種甜蜜的安息。這份思潮輕飄飄，又靜悄悄地降臨，似乎歷時滿長的時間才得到好感，可惜當我的感情慢慢的喜歡上它的時候，判官的形象彷彿魔術般在我眼中消失；高高的蠟燭變成一片空無；焰火完全熄滅，形成無盡的黑暗；整個感覺全都湧進心靈，像一股瘋狂暴雨般的奔流，墜向深不可測的九泉之下，整個人在「奈河」中漂流，無盡的漂流、漂流。然後是寂靜、沉默、夜暗包圍了整個宇宙。

我已暈厥；但知覺並未完全消失。其中保留了什麼？失去的又是那些部分？我不想加以費舌闡明，或去描繪；但是並非一切都完蛋了。絕望未到，還有希望，對自己起了信心。

在最深沉的睡眠中——不！在譫妄發狂的狀態中——不！在昏迷不醒中——不！在毀滅死亡的寂靜中——不！甚至穿上壽衣躺在墓穴中，也不是絕對的絕望。弱者無絕望的權力，勇者永不絕望，否則，人就不可能有留芳千秋的事啦！我們掙脫了游絲細網的夢境，從最深沉的睡夢中甦醒，但是才過一秒鐘，我們就把曾經夢過的全部遺忘了（好脆弱的細網）。

從昏厥到甦醒的整個流程有兩個階段：其一是心智或精神感覺的階段，其二是身體存在感覺的階段。當我們進到第二階段時，若還能追憶起第一階段的印象，就會發現這種印象是潛藏在遙遠的深淵中，可以滔滔不絕的湧出。這種潛藏於九泉之下的深淵——是什麼？不是潛意識，像是幽靈意識，它和墳墓中的死靈的區別何在？我所說的第一階段的印象若不能隨心喚醒，經過長久蘊釀之後，它們不是會自動湧現嗎？我們卻反而奇怪它們到底來自何方呢？

從未有過昏厥經驗的人，就不會在熊熊烈火的光焰裏，見到古怪奇異的宮殿和魯

莽親切的臉孔；也不會沉醉在可悲的幻影中；也不會爲一朵奇花異香而無病呻吟；以前未曾引起他注意的某些音樂韻律之意義，現在腦子裏就不浮現出什麼疑惑了。

經常極力企圖想要回憶些什麼；又拚命想把墜入我靈魂中的那些虛無飄緲之事物，搜集一點東西出來，有時候我可以搜集到一剎那間的成功滿足，給自己一絲安慰；有些極短的時刻裏，我確實回想起某些蛛絲馬跡似的，但後來清醒的理智卻告訴我，那些都只是在無意識狀態中所出現的海市蜃樓。我所見的一切存在，如虛如幻，根本是空的。

潛意識裏這些模模糊糊的影子，會出現幾個高大的身形，他們胡亂整我，一言不發，無厘頭的把我舉起來又降落——降落——降落——直到我一想起永無休止的降落，噁心的暈眩感就壓迫得我透不過氣來。它們還道出我內心那種飄忽隱約的恐懼感，只因我這顆心靜的不夠自然。然後天地之間的萬事萬物突然靜止不動；好像抬著我的身子（一列恐怖列車）奔向無涯無邊的極限之外，直到它們因過度的冗長沉悶，筋疲力竭之後才停下來。此後，有段時間是平淡乏味和沮喪不樂；接著又一陣狂飆——狂得有似掀風翻浪，盡把深埋心底的回憶挖掘出來。那種感覺，好像連心肝都要挖出來。

很突然地，動作和聲音出現在我的靈魂裏——心臟悸動，連我的耳朵也能聽到那

種腹中敲擊的聲音。然後停了半晌，整個宇宙變成一張空白。接著聲音又再響起，動作和觸感——全身都傳遍了一種被尖物刺痛的感覺。然後又只剩下意識存在，完全不能思想——此種情況歷時頗久。出乎意料之外的，又有了思想，不寒而慄的恐懼感，和極端想要瞭解自己處境的企圖。接著又有一種強烈的渴望，想要把自己墜入無知無覺、麻木不仁的狀態中，最好永遠不要醒過來。然後靈魂又急劇復甦過來，試著移動身子也獲得順利成功了。現在又完全回憶起審訊、判官、黑貂幃幔、判決、痛苦和昏厥等情形，接著就全部把後來的一切都忘了，忘的一乾二淨，日後拚命去回憶，才隱隱約約地想起來。

到目前爲止，我尚未睜開過雙眼。完全憑觸感和意識去理解四週環境，寒寒的，我感覺到自己是仰躺著，腳鐐手桎已經鬆脫。我伸出雙手摸到了又濕又硬的地方，並把手擱在那兒接受懲罰數分鐘，同時拚命想像我到底身在何處？極力冷靜的思索，我是什麼身分？

我很想睜開眼睛搜索一番，但沒有勇氣，我怕用第一道視線去接觸四周，並非看到什麼恐怖的東西，而是怕睜開眼睛之後世界仍然一片空無。最後，我終於不顧一切後果，把心一橫，迅速打開我那兩道靈魂之窗；證實了我最壞的想法，四周仍然是無

盡的黑暗。我掙扎呼吸，黑暗的密度濃的足以壓迫我透不過氣來，窒息的快要死了，四周氣氛悶的幾乎不能忍受，我只好靜靜的躺著，展開心智活動，我想起審訊過程，並企圖從這其間推想出我當時的實際情況。無論如何！可以肯定的，現在人是活著的。

判決已經過去了，我似乎覺得過了很久的時間，但是我沒有一刻想像自己眞的已經死亡，這樣的假設，我們在小說中雖然讀過類似情節，總和現實的環境不能連貫，但是我身處怎樣的環境呢？我在何處？我知道判處死刑的人，通常都用殘酷的火刑活活燒死，我被審判的那天夜裏，就有一個人犯是這樣行刑而死的。或許我就是被關在地牢裏，等待當下一次獻祭的犧牲品，這一天不知道還等多少個月？我立刻看出這是極不可能的事。他們很快就會需要犧牲品。再者，我的地牢與托拉杜一帶所有的死囚監獄一樣，都是石頭地板，光源亦未完全遮斷。

現在突然從心頭湧上一個可怕的意念，大股大股的血液以洶湧之勢向心臟沖流，使我再度不省人事，待醒來後，我立刻開始活動雙手雙腳，感到全身所有神經都在發抖，我用手臂向上方及四周伸出探索，所觸摸到的盡是些空無虛幻。仍然是處在原地，一動也不敢動，深怕去碰到墳墓黑牢的四周牆壁。陣陣冷汗從毛孔中滲透出來，汗流浹背，冰冷的汗珠子一顆顆在額頭上滾動。無緣無故的冷汗，不聽使喚的向外滲透出

來。

此種懸疑焦慮的痛苦，終於是教人無法忍受，我飢渴的雙目向前不斷的張望尋找，雙手用力向前探抓，試圖從微弱的光源裏，能抓住一絲絲的希望，我前進幾步，四周仍然是漆黑與空無，呼吸稍微舒服些，顯然天無絕人之路，命運似乎還有點希望。

而現在，我小心翼翼向前走，無數種傳聞中的托拉杜恐怖事蹟，件件從我的腦海浮現。傳說中有關地牢的奇人怪事——永遠是我相信的奇譚——這些事不但怪異，而且恐怖可怕，簡直除了耳語之外，提都不敢提一下。或者我會永遠被關在這個不見天日的地下黑牢，直到餓斃死亡；難道還有更可怕的惡運正在等著我嗎？其結果也難逃一死，而且死的更慘，那些判官的心態我太清楚了。唯一讓我心頭沉重的，害得我精神失常的，是我一直牽掛著行刑的時刻和手段。

我伸出的雙手終於碰到堅硬的障礙物。那是一種牆，似乎由石材構成——很平滑，黏黏的，很冷。我順著牆走下去；想起那些傳說中的怪事，眞是步步狐疑。然而，走了這段路程還不能確定地牢的面積，或許我是繞個圈圈又回到老地方，只是自己毫無感覺，因爲牆壁的情況都相同。我強迫腦袋好好想一想，一定有辦法解決問題。爲此，我把手伸進口袋裏面，找我進入審判廳時放在口袋裏的小刀，但小刀不見了，我的衣

裳已被換成一件粗糙的毛嗶嘰寬袍。

我原打算用利刃刺入石牆的罅隙裏，用以標示出自己的出發點。這不算什麼頂大的困難，起初心亂如麻，覺得不易克服。後來從寬袍的布邊撕下一塊，展開布條放在牆角，再繞著地牢走一圈，總會碰到這塊破布。心裏這樣的盤算著，但是萬萬沒有去設想地牢的大小，也沒有顧慮到自己的身體虛弱。地面又濕又滑，我勉強搖搖欲墜的走了一會，就不支倒地。因爲身體極度衰弱，我索性躺著不動，很快就睡著了。

一覺醒來，伸出一隻手臂，我才發現旁邊有一條麵包和一桶水。我太累了，在飢渴不擇食的情況下，一陣狼吞虎嚥猛吃一頓。也不管東西有毒沒毒，反正要讓我死，我也早死定了。之後我重新繞地牢走一圈，費盡九牛二虎之力，終於碰到最初放下的嗶嘰布塊。剛才跌倒前我心裏有數，已經走了五十二步，又重新走了四十八步——正是走到放布片的地點。算來整整走了一百步：假定兩步是一碼，便能推測地牢的圓周長度是五十碼。不過中途碰到許多牆角，因此很難判斷這間地牢的形狀，我想它頂多也不過是個地窖似的牢房而已。

我並沒有什麼特定目標來追求——前途一片茫然；但是有一股莫名的好奇心引誘我繼續往前探索。離開牆壁，我決定穿越過圍牆所包圍的這塊空間。起初，我小心翼

翼地向前走，因爲地板雖然像堅硬的石材，卻黏乎乎的行走不易。似乎地面有水，散發出難聞的異味。終於，我鼓足勇氣，毅然決然地向前邁步，並儘可能走直線。就這樣走了十餘步，被寬袍的破布邊絆住雙腳，我一不小心踩到袍子垂下的破布條，猛然跌了一跤，整個身子趴倒在地上。

摔跤的時候總是慌慌張張，並沒有察覺到四周有什麼可怕的現象存在。一直在地上靜靜躺了幾秒鐘後，就開始感受情況有異。那就是——我的下頜正好擱在牢房的地板上，但嘴巴以上的部分似乎比下頜更低，而且懸空的。同時我的前額也似乎被一種又濕又冷又黏的霧氣薰著，腐爛菌類的異味嗆入我的鼻孔內。我用手臂去探尋四周環境，才駭然發現自己掉在一個圓型坑洞的邊緣，坑的面積在當時無法確定。我摸索到坑邊下緣有石塊，挖出一小塊把它丟入深淵裏，小石塊墜落時撞到坑邊，我聽到好多聲迴響，最後聽到一聲陰森森的落水聲，接著是響亮的回音。就在這時候，頭頂的牢門響起一陣迅速開關的聲音，同時在黑暗中有一道微弱的光線閃過，又立即消失，牢內恢復原來的漆黑與孤寂。

我很明顯就洞察出他們爲我設計的陷阱，更慶幸自己能逃過此一災難。若再向前一步才摔跤，早已到了閻王府。此種死法在宗教法庭早有傳聞，但總被我認爲是一種荒謬無稽之談。在法庭暴政之下，多災多難的犧牲者有兩種死法，即身體痛苦和精神折磨兩種選擇，不幸我領受了後者。由於長期受到此種痛苦的折磨，使我神經失去自制能力，到後來連聽到自己聲音都會發毛。萬事萬物對我而言都成爲一種哲磨，我隨時都等著要去接受這些痛苦。

四肢在顫抖，我摸索著回到牆邊，決心在那兒自我毀滅，一了百了算了，也不去冒險對抗陷阱緣邊的恐怖，我想這地牢一定到處充滿著可怕的陷阱，假如換成另一種想法，我可能就有勇氣跳入其中一個深淵，馬上結束自己不幸的一生；現在我不過是一個無用的懦夫。同時使我永難忘懷的，是我曾經領教過這些坑坑洞洞的滋味——他們這些恐怖的死亡計畫中，絕無叫受刑人在一剎那之間，乾脆俐落就結束性命的可能。在歷史上，常聽到政敵如何折磨他的對手，宗教法庭如何折磨叛教或異教者，那些痛苦，想來不過像我這樣吧！

經過心靈的激盪，我清醒了好一陣子時間，但終於又睡著了。醒來時，我發現身旁照例有一桶水和一條麵包。燃燒著飢和渴侵襲上來，一口氣灌下一桶水。水一定是被下了藥，因爲剛喝完，就感到一陣昏頭轉向，深深的睡意又向我襲來——一種像死亡般的昏睡。就像一頭死豬，死睡，眞希望直接睡死算了。

睡了多久我自己當然不得而知，因爲無日無夜，肯定是下了重藥，睡了很久。但是當我再度睜開眼睛時，四周景物已清晰可見了。藉著一陣我先前所無法確定源頭的強烈光線，我已可能看清牢房的範圍和形狀。

我是全部錯估了它的規模，牆壁周長不超過二十五碼。面對這個事實呆望了好幾分鐘，我感到這麼多的勞力都是徒勞無用，自尋煩惱，眞是徒勞無用！因爲我面對所有這些可怕的環境中，地牢裏面還算是不足掛齒的小狀況。但是對這些雞毛蒜皮的事，特別有興趣用心推敲，我努力找出自己在測量方面犯的錯誤，並設法做合理的解釋。這個事實我終於豁然通曉。原來在我第一次試圖冒險行動時，跌倒前已算了五十二步；當時距離嗶嘰破布鐵定是一兩步之內，也就是說事實上，已經快要繞完這間地牢了。然後是我睡著了，醒來後心頭一團糟，把方向弄錯了，又向回頭方向繞了一圈，等於是重複原來的行徑。因此，自己所感覺的周長，就成爲實際上的兩倍。

地牢的形狀我也弄錯了，因爲在摸索前進時，感覺到不少牆角的存在，才推想出可能是不規則形狀。這個結果，都是一個睏倦或剛從酣睡中醒來的人，面對著一團漆黑所造成的！屬於自己的錯覺，其實那些牆角只是幾處間隔不定窪穴或壁龕。牢房的格局大體上成正方形。

我原以爲是石質建材的，現在看來確是幾塊鐵質或其他金屬，其接縫處有漥穴。全部的牆面上有許多粗糙的畫，畫著僧侶納骨室裏所發生各種可怕的神話圖形。各種可怕的骷髏，心寒的惡魔鬼怪畫滿了牆上，使整個牆面變形。這些妖魔鬼怪的外表輪廓十分清晰可見，顏色已稍顯褪色，墨跡模糊，可能是潮濕造成的結果。我也注意到地板，是石材建造的。

中央豁然開著一個圓形深坑，寬深雖不大，足以致人於死，這是宗教法庭的邪惡。我險些掉入；這也是此牢中唯一的陷阱。

這一切事情我並不能看的很清楚，只能盡力而爲，因爲當我在睡眠狀態時，事情就完全改觀了。我現在是筆直的仰臥在一個低矮的木架，被一條長長的繩子綑住，把我的全身纏纏繞繞全部綑上，只剩頭部能自由活動，還有左手可以從我旁邊的陶盤裏拿東西吃。

我駭然看見水桶被人拿走了。我說駭然；因爲我乾渴難忍。此種口渴的折磨，顯然是那些人惡毒的設計，故意找我尋刺激而已，因爲盤中食物都是故意安排些辛辣的肉類。故意讓人在飢渴中，又吃很辣的食物，增加你的痛苦。

我向上望，概略勘查了一下牢房的天花板，它距離頭頂約三、四十呎，其結構和

四面牆壁相同。其中有一塊很特殊的鑲板，它的樣子吸引了我全部的注意力，原來是一幅「時光之神」的油漆畫像，造型平凡，但手裏拿的並不是鐮刀，我端詳半天，形狀倒很像是一個巨大的鐘擺，與我們在古鐘上看到的一樣。不過這個機械的外表特徵有些古怪更引起我的注意。我筆直的仰望它（因爲它就在我的頭頂正上方），就在此時，我幻想著它正在動。頃刻之間，幻想成眞，它稍微慢慢地在動。我看了幾分鐘，有些恐懼，不過更感驚異。最後它那遲鈍的動作實在看累了，我便把眼光移到天花板上看其他的東西。

一陣輕微的雜音吸引了我的注意，望望地板，看看幾隻大老鼠正急奔過去。我清清楚楚的看著，牠們從我右邊的坑井中爬出來，也只能眼巴巴的望著，牠們成群結隊的湧上來，因爲有一種肉食氣味的引誘，一隻隻帶著貪婪飢餓的目光，要把牠們全部趕開，還眞不容易哩！

大概過了半小時，或者一小時（我只能概要的估算一下時間），我又再度往上看。這下子使我大吃一驚，鐘擺的幅度已增加到大約一碼，速度也隨之加快。但是，最叫人心慌的是它顯然在下降中。現在已能看得見——眞是無以名狀的害怕——它的末端有一把雪亮的鋼製彎刀，彎角到彎角之間大約長一呎，彎角向上蹺，底邊顯然跟刀片同樣鋒利。它的形狀也像一把剃刀，看起來堅實而笨重，由一端逐漸向另一端尖細，然後斜插入上端巨大結實的主體之中。它附在一根很重的銅桿上，穿過空中時搖搖擺擺的，發生一陣咻咻的聲響。

我再也不懷疑這些僧侶，千方百計的施我苦刑，就是要對我的命運展開折磨。法庭的代表們已經看出了我破解圓坑的詭計——此種圓柱式的罪刑，是像我這樣拒行英國國教禮拜式，又膽大包天的天主教徒命定要承受的——圓坑的特性，正是地獄的典型代表，謠傳是一切重懲異端中，最可怕的一種刑罰。我知道此種運用意外和陷阱的死亡設計，在各種地牢折磨中佔有極重要的地位。

既然我經歷圓坑之後仍能安然無恙，魔鬼的計畫也許不再想把我丟入深淵中，不過，另一種毫無選擇餘地，而比較溫和的死法仍然在等待我光臨。是比較溫和嗎？是我在自我安慰，不覺泛起一陣苦笑。

等待死亡眞是度秒如年，計算著銅刀急速的擺動！一吋一吋——一擺一擺——下降一個空格，好像經過了幾個世紀——下降又下降！過了很多天——或許眞是過了很多天——終於降到我頭頂上不遠的地方，刺骨的刀風將切割過來。鋒刃的氣味直逼進我的鼻孔中。我祈禱——我不斷的祈求老天讓它快些下來，讓我死的乾脆些吧！直接

從頭部中央切下去，半秒不到就一切都結束了。我逐漸變的失去理智，拚命掙扎，把身子向上挺，想去碰觸那個可怕的偃月形刀鋒。然後，我突然安靜下來，用微笑來迎接閃亮的死亡，就像小孩在把弄一個廉價的玩具。

接著又有一段時間完全昏迷不醒，但時間不長，因為當我再度甦醒過來時，鐘擺還是看不出有明顯的下降。連那刀，也如魔鬼般纏著我，這或許是給我天長地久的折磨；魔鬼們應該注意到了我不省人事之時，立刻阻止它的擺動。但當我一醒來，那刀鋒又開始擺動。

醒來後，有種強烈的感覺——喔！難以形容的虛弱與病痛，好像長期的營養不良症。甚至在這麼痛苦的環境中，人類仍存有自然的食慾。我忍住痛苦，在繩索許可的活動範圍內伸出左臂，抓到老鼠吃剩的一些殘食碎片，我放了一小片進入口中，這個舉動突然在我的腦海中勾劃出一個半成形的愉快念頭——一絲希望的念頭。可是我能希望得到什麼呢？就像我說的，一種半成形的想法，人們經常會有這種不夠成熟的主意。天啊！給我希望，我只覺得是頗樂觀的——有希望的；但是我也感受到這盞希望微弱的明燈，在尚未全部完成之前就已熄滅。我奮力想再點燃希望之火花——使希望之燈再度燃燒。

無奈，長期接受此種精神與肉體災難的折磨，我的正常智力幾乎徹底滅絕了。我成了低能兒——白痴。現在，我多麼希望成爲一個眞白痴，不會思考，沒有思想。

鐘擺的擺動與我的身長成直角。我現在可以看出彎刀是準備橫切過我的心臟部位。先割破寬袍的嗶嘰布——它會再度擺回來！再一次——再一次。它揮擺的幅度大的可怕，約有三十多呎，下降時有虎虎生風的威力，足夠劈開這些鐵牆，只消數分鐘內便能割破我的衣袍。只要幾次來回的擺動，正好把我從心臟部位切成兩段。想到這裏就打住了，不敢再往下想。

我全心全力在推想這件事情——展開腦力激盪，思考破解之途徑，企圖抗拒鋼刀的威脅。我迫使自己去想像鋼刀割破衣服的聲響——想像布料在身上的磨擦，給我的神經製造了一種奇異的恐懼感。我在這個無意義的景像中沉思，直到牙齒顫動，神經麻痺。想、想，一定有方法，我不要死。

下降——它慢慢地往下降。我瘋狂地喜歡拿它向下與向旁邊的速度做比較，向右——向左——一遠一寬——伴著陰間幽靈的厲聲鬼叫！像一隻猛虎，用隱密的步調撲向我的心臟，兩種意念輪流在侵略我，我忽哭忽笑。

下降——的確，殘酷的往下走！已經在距離胸部三吋處擺動著！我沒命的掙扎—

——憤怒地，想把左臂掙脫，肘部到手掌這段已獲得自由，活動範圍可由旁邊的淺盤到嘴巴，但很吃力，不能進一步的活動。我若能掙脫手肘以上的束縛，就能出手試抓那根鐘擺。先下手爲強，來阻止一個個驚天動地的事件之發生。

下降——不停下降——無可避免地往下降！每一次擺動都使我膽顫心驚，每揮一下我就畏縮抽筋。我的雙眼充滿無意義的絕望，死盯著那外側或內側的迴旋；眼睛隨著鐘擺的下降，開始感到陣陣痙攣睜不開，死亡也許是一大超脫。喔！無語對蒼天啊！想到這部機器只稍一沉，鋒刃雪亮的巨斧就劃開我的胸膛，身上的每根神經就開始顫動起來。面對著一部死亡的機器即將下沉，有一種希望在心靈中激盪。此刻，我是信神的，神啊！人世間的公理正義何在？確定希望——在刑臺上蠢蠢欲動的希望——那是在天主教法庭的地牢中，一個死刑犯的低聲呼喚。

我估計再擺動十次或十二次，鋼刀就會割到我的寬袍——就因爲這個觀察的結果。在這絕望之環境中，突然產生一股敏銳而冷靜的鎮定感。多少個鐘頭——也許好多天——以來，我第一次眞正靜下來思考。現在我突然感覺到，綑我的繩子是一整條，不是各個部位分別綁著。只要鋼刀橫切過繩索的任何部位整條繩子就會鬆開，靠我的左手可以將身子掙脫。

問題是這個辦法太可怕了。鋼刀多麼接近呀！稍加掙扎的結果。後果可能不堪設想！而且一心想要迫害我的那些走狗，應能發現這個破綻並加以補救。繩索會順著巨斧切割的軌跡細過我的胸部嗎？只怕這個最後一線生機快要破滅了，所以伸頭看看自己胸部。只見整個身子到處被繩索死死的綑住——唯有鋒利的鋼刀所要通過的路徑，沒有被繩子綁住。原來那些宗教劊子手是算計好的，而美其名「天主的旨意」。

我剛把頭放回原位，原先那種未成形的念頭，突然從腦海中閃現出來：當我把食物放入乾燙的嘴唇，此種念頭又隱隱約約地在腦際飄浮。

現在，整個念頭和影子逐漸出現明顯的輪廓——是低微薄弱的，幾乎是不太清楚，不易確定——但仍然有整體的概念。這是一種方法，我不得不相信這是「神的旨意」，叫我立刻一試。

我馬上從絕望中鼓足勇氣，立刻動手，執行。一開幹，精神就來了。

躺在這低木架上已經有好幾個鐘頭了。四週被蜂擁群集的老鼠圍住。牠們野性瘋狂，膽大包天，貪婪覓食；牠們用脹滿血紅色的眼睛瞪著我，好像就等我斷氣不動，馬上把我當做捕到的獵物飽餐一頓。

我想到「牠們在坑井中，定是飢不擇食的」！也許，牠們是我的救星。

儘管我拚命阻止，牠們還是把盤中殘餘的食物吃的剩下一點點。我已養成在盤子旁邊乾瞪眼或擺擺手的習慣，最後連這種無意識的唯一動作也毫無作用。惡鼠們狼吞虎嚥，並用鋼利的尖牙碰觸我的手指。我把握最後的機會，用那些殘留下來的油辣食物，塗抹在我所能摸到的繩索上面。然後，從地板上收起我的手，無聲無息的躺著不動。

起初，這些貪婪的動物對突如其來的改變。紛紛感到驚慌害怕——因爲我的停止動作。牠們機警地向後退縮，很多迅速竄回井裏。但是這種情況只維持片刻。我算計著牠們強烈的食慾，果然沒有白費心思。

當牠們看我一動也不動時，一兩隻最大膽的傢伙首先跳上木架，在繩索上嗅著味道。這似乎是大舉湧上的信號，牠們從井邊成群結隊狂湧上來。攀住木架——向上跨，有數以百計已經跳到我身上。鐘擺仍然固定來回的擺動，完全沒有驚擾到牠們的侵犯。牠們很能閃開鐘擺的撞擊，拚命啃咬塗上油渣的繩索。

他們逼進，一批接一批的湧到我身上，在我的喉頭上翻滾折騰，那些冷冰冰的尖嘴在我唇上尋覓。我被壓的快要窒息了，一種難以形容的惡臭感，脹滿我整個胸部，內心湧起一陣刻骨的寒慄，我覺得陣陣天旋地轉……

終於，祇一分鐘，我感到所有的忍耐掙扎就快要有了結果，我清晰的感覺到繩索的鬆脫，許多地方開始被劇烈地咬斷。用人類少有的決心忍住，我靜靜的躺著。

多算勝，少算不勝——我沒有白費心思，我終於覺的我自由了，綑在我身上的繩子一截截地掉落，而鐘擺揮動的距離也已迫進我的胸部，割裂了寬袍的嗶嘰布料，劃破裏面的內衣。它又擺動兩下，一陣劇痛穿透過每根神經。

就在此刻，脫險的時機來臨了。我一揮手，我的救星們一哄而散。我穩住腳步——小心謹慎，向側面一斜，稍微一縮——滑開繩索的控制，溜到鋼刀碰不到的地方。就在這一刻，至少我是自由了。

自由——卻還被掌握在宗教法庭的魔手中。我剛逃離牢房石板上那座恐怖木床，可怕的機器立刻停止了動作。我眼見它被一種無形的力量往上拉，穿過天花板，這是我在絕望中記在心裏的教訓。我的一舉一動，顯然有人在監視。

自由——我只不過逃開一種痛苦的死法，等待著被送進另一個比死亡還可怕的噩運中。正當心中這樣想著，不覺感到毛骨悚然，立即打量四周圍的鐵壁。

曾有不尋常的事情發生——起初我沒有明顯的領悟出這些潛在的變化——現在已能察覺，室內已經變了。連續好幾分鐘我像夢囈般，迷迷糊糊的心驚膽顫，思緒不斷理卻亂，始終沒有想通到底是什麼道理。

此時，我第一次察覺照亮石室的光線來自何方，它從一條縫隙中射出，縫隙寬約半吋，整個圍繞著牢房的牆基，牆壁由此向上矗立，而與地板完全不相接。我拚命的想從縫中窺視些什麼，當然是毫無結果的。

當我暫停那些嘗試時，我突然瞭解牢裏這些神秘變化的眞相。我曾注意過牆上的圖案，輪廓雖然清楚可見，但顏色已經模糊不清，這些顏色現在突然明顯起來，而且放射出可怕強烈的光芒，鬼魂與惡煞的圖像已經展現，一副窮兇吃人的樣子，縱使勇氣在我之上的人也要戰慄畏縮。閻羅王的眼睛毀滅性的，正從四面八方虎視眈眈的鳥瞰下來。以前連個鬼影子都沒有看見過，如今個個都像一團團濃烈的火焰，就要把人燒成灰燼。我沒有能耐來逼迫自己把它們看成假的。

假的——現在就連我在呼吸的時候，鼻孔中都可以嗅到一股鎔鐵時的熱蒸氣，一種幾乎要使人窒息的薰煙瀰漫了整個牢房。那些虎視眈眈，盯著我不放的眼睛，逐漸變成火紅的光芒，我已身處在深紅色的血腥恐怖之城。

我心悸喘氣！我奄奄一息！無疑的這是迫害惡毒的設計——喔！最殘忍的！喔！人類的惡魔啊！我從火紅的鐵牆退到牢房中央。逃過刀刑，又要面對火刑。

想到馬上就要被燒死的命運，坑井中涼快的感覺，像藥膏般的在心中浮現出一陣慰藉。我衝向要命的井邊，用疲憊不堪的眼神向下張望。火紅的屋頂發射出強烈的紅光，把陰深的幽徑全部都照亮了。

然而，有好一陣子心神瘋狂的時間，我的靈魂無法接受我所見到的一切。最後這些魔鬼向我逼進——瓦解我的精神防線，硬闖入我的靈魂——在我顫抖的理性上炮烙——喔！我無語問蒼天。喔！恐怖——喔！我寧可飽嘗其它的酷刑，也不願忍受這種恐怖！我尖叫一聲，奔離井邊，雙手掩面——痛哭失聲！

熱度迅速增高，當我再度抬頭，已身不由己像得了瘧疾一樣，渾身打起擺子。

室內溫度明明快速升高，爲甚麼身子在抖顫。

此時，牢房有了二度改變——顯然是它的形狀在變化。和以前一樣。我也想探究瞭解到底正在發生什麼事，但是徒勞無功。這個疑惑並沒有維持太久，因我兩度脫險，宗教法庭的報復開始迫不及待了，再也沒有像「恐怖之王」那樣對我慢慢戲弄。牢房本是正方形的格局，我看得出有兩個牆角現在已經變成銳角——另外兩個當然呈現鈍角了。

這個可怕的變化，正隨著低沉的轟隆或嗚咽聲而逐漸加速中。剎那間，屋子的形

狀變成菱形，變化的速度沒有中斷——我也不奢望它會停下來，我已把火紅的牆壁抱在胸前，做成永恆安息的外衣。

我自言自語：「死，除了跳到井裏，其他任何死刑都好！」笨瓜！難道我不知道這些燒紅的鐵牆，就是要逼迫我跳入深淵中嗎？我經得起烈火焚燒嗎？就算我不怕燒好了，我擋得住它的重壓嗎？

現在，菱形愈來愈扁了，速度之快使我無暇思索。菱形的中央就是最寬處，恰好在洞穴的上面。我向後畏縮——但是逐漸迫進牆壁又逼著我向前移動。

最後，在牢房堅實的地板上，我這副燒傷扭曲的身體已無容身之地。我不再掙扎，所有靈魂所承受的災難痛苦化成一聲又長又響的慘叫。

我搖搖欲墜地走向深淵的邊緣上——兩眼一閉——

有一陣亂七八糟的人聲！有一陣好像許多喇叭吹奏的聲響！有一陣好像千軍萬馬奔騰的雷鳴！火紅的鐵牆迅速後退！當我暈倒跌入深淵的時候，在千鈞一髮之際，有一隻伸長的手臂抓住我的手。

那是拉薩樂將軍，法國軍隊已經佔領托拉杜監獄，宗教法庭陷入敵人之手。

後記

本篇發表於一八四三年，原名「巨斧」，此地依意譯題為「從地獄歸來」。

橢圓形肖像

我的僕人見我重傷成這副德性，與其讓我在露天下過夜，他就寧願甘冒不敬強迫我住進這棟大別館。應該說是一棟很老，很有歷史的古建築。

這是在義大利中部亞平奈斯山脈，在巍峨險阻，重山聳立之間，一座陰鬱莊嚴的華美大建築。在這世上，可能再也找不到像這裡絕色風景。在雷德克里飛斯夫人的小說境界裏，也未必能比得上此地如世外桃源般的高雅。從外表上看來，這座別莊好像最近才無人居住，或許是暫時空下來的吧？！

我們找到一間最小的，裝潢不太華麗的房間安頓下來，這個房間在這棟別館中，位於一個比較僻靜的小閣樓裏。它的陳設原來也很華麗奢侈的，只是人去樓空之後，已不堪破壞變得陳舊了。壁上掛著毛織的繡帷，點綴著各式各樣的甲胄軍旗等戰利品；還有具有阿拉伯風格，用豪華的金框裝置得美侖美奐，而又有先進風格的現代畫。

這些畫在四周牆上形成了主要景觀，而且在這座特殊的別莊中，設計了許多怪異的隅角，也掛滿了這些繪畫。或許我開始時有些神經錯亂，竟然對壁畫勾起了很深的興趣；所以我吩咐僕人白德羅，把房間四周笨重的百葉窗關起來——因爲現在已經晚了——把我床頭這座高大的燭台點燃，再把床鋪四周的黑天鵝絨帷帳全部打開，經過這樣刻意的安排，我想可以安心入眠了。縱然睡不著，也能看這些畫，或讀讀這本正在枕頭下發現，寫著有關書評及畫評的小册子。

我閱讀良久，並虔誠地向四周仰望凝視了多時。時間迅速而愉快地流逝，夜已深沉。成爲一個絕對寧靜的世界，只聽到自己的呼吸聲音。

燭台的位置不太合我意，我不想喚醒酣睡中的僕人，只得忍痛伸手移動燈檯，使光線能充分地照在書上。我這樣的動作，引起了一種出乎意料之外的結果。那無數的燭光（屋內本有許多蠟燭），卻能將床柱後面陰暗處的一個壁龕照亮。在許多鮮明的光線照耀下，我發現了一幅先前未曾注意到的畫，這是一幅正值及笄年華的少女肖像。

我興致勃勃地將這幅畫端詳了好一陣子，突然閉上雙眼。我爲何有這個舉動呢？起初連我自己都感到莫名其妙。但是當我閉目沉思的時候，我開始針對自己的動機加以探索。原來這只是要使自己有足夠的時間去思考——確定我的視覺是否意圖誆騙我的大腦——把我的奔放奇想鎮靜緩和下來，使其能更嚴肅，更集中注意力，確實可靠地凝視某些問題。片刻之後，我目不轉睛地端詳那幅少女的肖像。就像在月色朦朧中，

凝視著自己的情人那般專注。

現在是確確實實可以看清那幅肖像了，這是不容疑惑的，我也不想疑惑；因爲最初燭光在那畫上一閃時，好像一下子打動了我那些麻木不仁的器官，驅走了懵懵懂懂的瞌睡蟲，突然從昏醉狀態中驚醒。

那幅肖像，誠如我說過的，是一個年輕少女的畫像。只是美術上稱爲「威格內特半身畫像」的風格，特別突出臉部和肩部的輪廓，而使其背景漸次變淡，好像是英國肖像畫家索列的傳世名作。她的胸部、臂膊，甚至那閃爍燦麗的髮梢，都無知無覺地與背景溶爲一體，而整個人都存在於茫然深邃的幽境之中。

畫框是橢圓形的，豪華地鑲著金飾，看那種精雕細琢的手工，就知道是摩爾斯的藝術風格。若把這畫眶也當成一件藝術品看待，它可眞是舉世無雙了，比這幅畫的本身更具有欣賞價值，身價更高。

但是，能夠這樣熱情地讓我感動的，並非作品的巧奪神工，也不是臉部上永恒的美感；更不是因爲我正在神遊太虛幻境時，突然從半睡狀態中驚醒過來，在驚魂未定之際錯把肖像當成生動活動的人。想到那畫風的獨特，威格內特的造型設計以及畫框上各種絕世手藝等等。我就馬上可以領悟出我不該把它看成一個生動的人，而認同它

就是一幅畫。一件天下無雙無價的絕世藝術品，這個品質能力我有的。

我仍然忍不住興味淋漓的推敲這些特點，半坐半臥，至少有一個鐘頭的時辰，我的視線一動也不動的盯住那幅肖像。終於，我發現了一個秘密，爲什麼這幅畫如此地讓我感動，明白這道理後我才往床上一倒，我已從這絕對逼眞的表情中，發現了這幅畫的魔力。最初見到她，爲之愕然吃驚，接著一陣茫茫然的感覺，隨後屈服以至畏懼，帶著虔誠的敬畏感，我把燭台重新移到原來放置的地方。

當這種使我情緒激動的因素，逐漸緩和平靜之後。我開始熱中地在屋裏尋找各種有關史料，發現到一卷關於論述這種繪畫歷史背景的書籍。一篇就是專講這幅橢圓形肖像的，我翻開閱讀了下面這段奇異的文字：

「她是個絕代美女，與其說她可愛，不如說是歡樂的化身。當她和那位一見鍾情的畫家結婚之日，也正是災難臨頭之時。這位畫家確是多情種子，好學不倦，而又嚴謹樸實的一個人，在他的藝術世界中也有了新婚婦；她實在是個絕代美女，一張充滿光明和微笑的臉，有如一隻小麑般的快活嬉戲，對萬事萬物都充滿愛心與珍視，唯獨把那些藝術品視同可恨的情敵，尤其是那些畫板、畫筆，以及各式各樣的畫具，最是讓她害怕，是它們奪走了他對她的愛情。

「當她聽到那畫家說，他想爲美麗的新娘畫一幅肖像時，對這位美少婦而言，確是一件恐怖的事。但是她仍謙卑地服從接受了。於是在一個幽暗僻靜的小閣樓中，光線只能從上頭照射到那塊蒼白的畫布上，她就柔順地在這臨時畫室中坐了好幾個星期。但是這位畫家，帶著虔誠光榮的心情，盡忠職守地在他的藝術工作上，時復一時，日復一日。他想著，他要使有限的美，成爲永恆的眞善美極品。

「他是個深情款款，浪漫不羈，而又多愁善感的人，最易於沉緬在夢幻仙境中。所以，他竟然能待在這間陰氣深深的小閣樓裏，而讓那蒼白有如幽靈似的微光，無情地摧殘新婦的健康與精神，誰都可以看得出她早已容顏憔悴了，卻怎麼也沒有引動他那顆惜玉憐香的愛心。他的愛專注於創作，不在『人』身上。

「縱然如此，她仍然無抱怨訴苦，繼續展露她那可愛的笑容。因爲……因爲她感受到那位頂頂大名的畫家正沉醉在工作中，瘋狂如焚地整個投入在藝術創作的領域，日以繼夜的描畫這位深愛他，而又日漸消瘦失神的新娘。老實說起來，不管誰看這幅畫時，定會嘆爲觀止，讚美這份幾可亂眞的神蹟，認爲畫家除具有超人的智慧天分外，也是正展現深愛著她的佐證。當他的創作快接近結束時，這閣樓就已成爲禁地，任何人都不得進入；因爲那畫家已畫到忘我境界，變得瘋狂起來了。他的兩眼竟再也離不

開那張畫布，甚至連新婚的妻子也極少去瞧她一眼了。他以爲一個生動活潑的少女已全部走進他的畫境中。他的畫每增加一份美感，他的新妻就要添上幾分衰老。

「過了幾個星期後，除卻嘴上一筆和眼角一色是肖像的最後修飾之外，其他都已全部完工。那少女的精神，忽如迴光返照的火燄一般，剎那間，益增其美艷的光輝，最後的筆畫終於殺青了。畫家恍恍惚惚的站起來，失魂落魄地站在他創作的肖像前；當他凝視他的畫的時候，他只感到陣陣顫慄寒冷，面色蒼白，驚慌意亂，大叫一聲：這就是活生生的生命啊！

驀然回首，看他的妻子——她已經死了！」

後記：本文發表於一八四二年。

伊娌諾拉

我充滿奇想和熱情地趕去看一場有名的競賽，大家都稱我是瘋子。問題並沒有就此罷休，不論是瘋子或智者——不論有多少榮耀——不論多麼的深謀遠慮——誰敢說發瘋不是一種更超越的智慧，天才與白痴不也是一線之間嗎？一顆病弱的心靈，也能迸出最輝煌的思想。

他們那些人在晚上溜走了美夢，到白天就大做白日夢，好像可以學到許多東西。在此種灰色的幻象中，他們感受到一種永恒與悸動的閃耀；當醒來時，他們似乎已經發現到某些大秘密。僅這片刻工夫，他們可以學到善良的智慧，或學些罪惡的知識。這種穿透力是沒有方向的，沒有範圍的，不斷深入「無可奉告」的浩瀚大洋中，就像努比亞的地理探險家。

大家都說我瘋了！我姑且承認，我的精神領域裏存在著兩種顯著的情況——一種清澄而理智，沒有紛議，沒有灰色地帶，清楚明白，是個人生命初次邁向一個新紀元的記憶；另一種是黯然而多疑的情境，牽涉到現在和過去的許多問題，由此而構成另

一了不起的紀元。所以，我要講述一些我早年的榮譽和信仰，那與往後都有關連，才能知道那種光榮是實至名歸的，要全部都加以存疑，若懷疑其爲不可能，或許可以解開奧底帕斯大英雄戀母的謎題。

她，是我年輕時熱愛過的女孩，我現在還能很清晰，安靜的記述那段回憶，她是我姑母的獨生女——我表妹，伊娌諾拉，我們一直是青梅竹馬的，經常在「多色園之谷」的熱太陽下享受快樂時光。赤裸裸的山谷，綿延著偉大的山岳，形勢峻峭突出，幾乎要包圍了底下的溪谷，而山尖則伸向藍天深處。

在這深谷裏，幾乎尋不到人類的足跡。這裡像一個隔世桃園，外界不知有我們，我們活在自己的世界。歸程回家還得靠一點毅力，經過一大片森林，又一大片花園，這是我們所生活的一個孤獨世界，除了這山谷外，其餘一無所知——我、表妹、姑媽就生活在一個小小世界中。

我們四周的範圍，等於是一個朦朦朧朧的地方，四周都是謎。有一條又深又窄的河流向外界，越向外流越感清澈亮麗，就像伊娌諾拉的眼睛。小河流錯綜複雜，悄悄地流著，山中無路可行，小河也不知流向何處，又經過一個幽靈般的峽谷，群山依然朦朧，我們稱之「靜河」，因爲此地似乎有一股寂靜的勢力在流動著。所以，這裡又是一個無聲世界。

河床上沒有了喃喃低語，河水沿著兩岸徐緩徘徊。水底有珍珠似的小鵝卵石，我們眞是看的入迷。

河的旁邊另有許多小溪，水色清淨耀眼，悄悄地流。流經彎曲的小徑，流入一條更寬廣的水道，再順流入小溪最深淵的地方，他們到了一處壘滿小鵝卵石的河床上——一粒粒，千萬百萬，數量幾乎不少於這條溪谷上的全部。從這條河到那座山，形成一條帶狀，都鋪上一層綠草如茵的絨氈，厚厚的、短短的、極美的，甚至散發出香草香，灑滿黃色的金鳳花、白色的法國菊；紫紅色的紫羅蘭、神秘的水仙花，在我的心靈引起一陣極美的呼喚。這幅仙境般的美景，誰有這能耐創造或佈置得出來。啊！那是上帝的榮耀和愛。

在碧綠的山巒之中，處處是小叢林，像一片渺茫無際的幻夢，植滿一株株浪漫的綠樹，每株的樹幹都成瘦長苗條形，並不筆直，但以溫文儒雅的身姿向陽光傾斜，正午時分則向山谷中央凝視。

大家身上都被檀樹葉子沾了斑點，各種大型樹葉也鋪滿了山頂，西風在調情。我和她手牽著手，或在和風中緊抱擁吻，或在大樹下做夢。夢見敘利亞的巨蛇人，正在

向偉大的造物主朝拜。

在我和伊娌諾拉雙雙掉進情網之前的十五年前，就經常兩人手攜手漫步在這山崗上，有一天的黃昏——是她十五歲，而我二十歲時的祈福祭典之後，我們在一棵蛇形樹蔭下緊抱在一起，鳥瞰我們幻想中那條「靜河」之水。在甜蜜的時光裏，無言勝有言；時而顫顫細語，直到天明。我們描繪出邱比特的形像，感受到愛神在我和伊娌諾拉的先祖血液中，點起愛情的火花，燃燒的靈魂。燃燒吧！兩人就在大樹下燃燒成一體，這是我們的兩人世界。

幾世紀以來，我們的種族就是以熱情的性格聞名的，而紛至沓來的那種自由奔放之奇想力，亦可等量齊觀，我們共同享受這種「多色園之谷」的極樂快感。一個驟變的開始後，萬事萬物都走了樣。那樹梢上原本空無一物的，現在突現一朵朵燦爛奪目的星狀花。綠色絨氈的色調更深，白色的法國菊一朵朵逐漸凋謝，寶石紅的水仙則從原處長出，生命之路由我們自己走出來，身材高眺的紅鶴迄今未見，其他所有活潑熱情的鳥類，都來到我們面前炫耀牠那緋紅色的衣裳。金銀色的魚在河中出沒，或跳出水面，或浮在水上，漸漸地，風聲、水聲、樹葉聲，瀰漫成一片和諧的交響樂曲，比風神演奏的更莊嚴，比伊娌諾拉的聲音更甜美。

在金星那一帶的天空有一大片厚厚的雲層，我們早已凝視良久，現在開始飄過來，帶著金亮與艷紅色的絢爛，好像安裝在我們頭頂上的，慢慢下沉，越來越低，最後與山的稜線接齊，大地又從灰暗變成壯麗，我們好像永遠被禁閉在一間光榮又雄偉的神奇牢房裏。我剛才說，多色園之谷的極樂快感，絕無虛假。我和她在這荒野，不，兩人的桃花園中，性靈肉都成爲一體，不是極樂世界嗎？

伊娌諾拉的愛，就像是最高位天使一樣。她的天眞純樸一如她單純的生活，無欺無詐、不虛不假的純眞愛情鼓舞她的心靈。當我們在「多色園之谷」一起散步時，她試著問我，在她秘藏心底的是什麼？一種巨變隨後就在此地發生。

終於，這一天她哭著說，最後的悲劇必然要降臨到人類的身上。之後，她經常很深沉地思考這個淒涼的話題，並交織在言行舉止，就像詩人席勒的歌，相同的怪念頭不斷重複發生，而用變化多端的警語表示出來。

在她的內心已經浮起死亡的幻影——縱使如蜉蝣那樣短促的生命，但她得到圓美的愛情與人生，死而不憾。有一天黃昏，我們在「靜河」河邊散步。她奇異地對我透露出，在觀念上死並不足惜，只是孤墳的落魄和恐怖是最大的顧慮。她悲傷的想，死後把她埋在「多色園之谷」，以得到永恒的安靜與快樂，而把她現在擁有純潔的愛情，

移渡到外面世界上某一個少女身上。我急忙衝向伊娌諾拉的跟前對她也對天立誓，這一輩子我除了她之外，不會再娶其他任何女孩爲妻——爲她的祝福，對她的愛情，直到海枯石爛，地老天荒，我亦不可能變節。我生生世世屬於妳的，妳生生世世亦屬於我的，永不分離。我向萬能的神呼喚，聽聽我虔誠而莊嚴的立誓吧！我一切爲她祈求的，我是何魯遜地方了不起的信徒，難道要我當一個不貞不潔，違背諾言，違逆榮耀的罪人嗎？我絕不准許自己在這上面留下什麼污點。

我說完了話，伊娌諾拉的眼神一亮，但她胸部好像擔負著很重的負荷，不斷顫動起伏，然後很悲傷的哭了起來，她是接受了我的誓言，這樣可以使她在臨死前獲得心安。她說往後的日子不多了，在安靜中將要慢慢的回到天國；因爲我對她的精神已有很好的調適，當要分離時，就是以這種精神來凝視著我，我允許她在每個夜晚回來。如果情形就是如此，雖然我們活在不同的空間裡，我們也有力量超越極樂世界的靈魂，自由來去，她和我都能。

當晚風輕唱，我聞到一陣天使香爐中散發出來的香味。她欲言又止，是有氣無力，因爲她不想多言了，她耽於自己天眞無邪的歲月，從開始到最後都有了交代，是我自己新紀元的開始。她的美麗、多情，我們的愛，現在已經可以不朽了。

事到如今，我很誠懇的說，在時光的流程中，我因情人之死而突破了生死的界限，並加速向另一個時空世界邁進。我感覺腦海中聚集了一團陰影，我疑惑自己腦子是否完全清醒？是否還住在「多色園之谷」？拖著這無用的軀殼，讓我打起精神吧！這第二次的驟變，使萬事萬物都改觀；樹梢上星狀的花朵似乎羞怯的慢慢畏縮，終於不再出現。綠絨氈的光彩逐漸失色，寶石紅的水仙一朵朵枯萎了。原處取代生長出來的，是有如眼珠色的紫羅蘭在怒放，沉重的露珠壓的它抬不起來。生命從此在這條旅程上消失，瘦長苗條的紅鶴不在我們面前炫耀緋紅色的衣裳，而悲傷的離開山谷。

金銀色的魚也游走了，不再點綴裝飾這美麗的河流。這天籟旋律已不如風神的鳴奏曲和伊娌諾拉的歌聲那樣溫柔，一切慢慢的孤寂了，最後整個世界都完全走入最初開始的寧靜。終於，這一大團雲慢慢上升，遠離山頂，回到原來金星所在的區域去，帶走了「多色園之谷」的輝煌，帶走了一切美麗可愛的東西。

然而對伊娌諾拉的誓言並未忘記，我聽得見天使香爐在旋動所發生的聲音，潔淨芳香的小溪流仍然在流動。有幾個小時我的心跳沉重，現在有微風吹洗我的髮毛，享受著輕鬆愉快的光景，夜晚的空氣在輕輕呢喃。而我正沉睡入夢，就在睡夢中，我的心靈啓動了。有兩片心靈的香唇壓住我，使我驚醒。啊！是她，她回來了，讓我們再一次享受那種愛吧！

我空虛的心靈渴望塡滿一些東西。把那愛情塡進去，直到滿溢爲止，這谷中有伊娌諾拉的回憶，使我痛苦，這世間的一切，若無她，都變得無意義。囂鬧的榮耀到頭來也成一場空夢，什麼是永恆？

× × ×

我發現自己到了一個不知名的城市，以前在「多色園之谷」的美夢，現在還可以零零碎碎的回憶片斷。莊嚴的法庭上有華麗的虛飾，軍隊瘋狂的鏗鏘聲，女人輝煌的愛情，慌張狼狽與如夢陶醉等，滿腦子盡是這些雜念。我整個心靈所寄託的，已經證明是忠於諾言的，仍然有伊娌諾拉與我同在的感受，夜晚她依然靜靜的陪我幾個小時。突然間整個顯現的影像消失，眼前世界一片黑暗，腦海中被一陣燃燒的思潮嚇的發呆——一種可怕的誘惑，來自遙遠無名的地方，那是一種可怕的力量要糾纏我。

我又再走進國王的一座富麗堂皇的宮殿。我見到一個絕世美女——她曾經使我失貞，我在臺階上向她彎腰鞠躬，沒有激動的表情。我仍然不能忘記谷中那位女孩，她的激情使我精神錯亂，得意忘形，我嚎啕大哭把所有感情全部傾洩出來，腳下感到一陣輕飄飄。啊！光明，你是天使，神聖不可侵犯的天使，我向下鳥瞰，我只想到她。

我結婚了，並不耽心會有什麼天譴加害於我，痛苦的災難也沒有臨頭。每個夜晚都是平安夜，我看窗外，景色宜人，聽到一陣甜美聲音。

「在和平中安息吧！你是愛情的主人，偉大的愛情赦免你的罪過，在天國的天使她也知道我們的海誓山盟。」

後記：本篇發表於一八四二年，文中「伊娌諾拉」，其實就是現實世界的「維琴妮亞」，是她姑媽的獨生女，她有美麗蒼白的肌膚，嬌弱的身材，是愛倫坡心中完美的女人，一八三六年他們結婚，當時他二十七歲，而她未滿十四歲。她經常出現在愛倫坡的小說或詩歌中，本篇隱射愛倫坡和維琴妮亞，及她母親等三人，在一個「多色園之谷」的世外過著與世隔絕的生活。

愛倫坡的書簡

致約翰．愛倫先生

先生：

昨天的事諒必已經過去，今晨在我們之間該是沒事了，你對這封信的內容必定不會感到驚訝才是！

我的決心是永遠離開你家，竭力追求一個屬於自己的開闊世界，在那裡我不會被虐待——不會有人像你這樣虐待我。這個決定即非意氣用事，亦非草率成章；我已經過深思熟慮，這樣三思而行才下的決定是永遠不會隨便再改變了。

你或許認爲我不再憤怒，並且想著要回心轉意，重回你的身邊；絕不，絕對不可能；我告訴你，我的出走只有一個起因——是被你逼走的。因爲我已成熟的足以支配自己行爲，我現在熱血澎湃，胸懷大志。這份奮鬥精神是來自你的傳授，促使我必須在人群社會裡創造卓越顯赫的名利地位——如果沒有良好的教育是不可能達成願望的，

而目前的我只有小學程度——

讀大學是我最熱切的願望，我已經開始架構這份預想，使其在不久的未來逐漸可行——只是你的反覆無常在摧殘我美好的前程，你是天下最自私的人——因爲我不同意你的意見，而你強迫我去接受——

再者，我聽你說過（你講的時候我正好聽到，所以該是正經認眞的事），有我無我對你毫不影響——日子照過——甚至過的更好——

此外，你曾命令我離開家裡，又不斷罵我是只會吃麵包的懶鬼——造糞的機器；而那時你只是想擺佈我，要我爲你做生意——

你好像喜歡亂改變我的興趣，喜歡在衆人面前揭穿我的秘密，以爲這是一種快樂或雅好——你把自己的快樂築在我的痛苦上——

你又隨心所欲想要支配我，不僅你自傲是白人家族，而且是黑人權威——我不能忍受這種忌恨，——我走了。

我懇請，把我的衣服和書籍用大提箱寄來——如果你想要對我有一點點影響力的話，或者再最後呼喚我回到你身邊，去阻擾你實現今天早晨所許下的諾言——給我足額經費到北方城市旅行，大概要一個月。到那時我能適切安排自己，我不但能有很好的謀生辦法，而且能賺取一筆錢以供應我自己讀大學。

請把我的箱子寄到「首都旅館」，並乞求您在我最須要幫助時，伸出援手，寄些錢來。如果你不應允我的請求，我會不斷渾身顫抖。

我以後會有怎樣的下場，也都看您了。

艾德格・愛倫坡　一八二七、三、十九

致約翰・愛倫坡先生

親愛的先生：

請把我的箱子和衣服寄過來。

我昨天寫信向你解釋離家出走的原因。我猜想，我也許什麼東西也收不到，甚至連回信都沒有，我的懇求就如石沉大海。

此刻正是我最迫切須要幫助的時候，從昨天到現在一點東西都沒吃。無處可以過夜，只是到處在街上徘徊，我快要崩潰——眞是不敢想像未來的成就在那裡。把我的衣箱寄來吧！不要耽擱即可。

如果你不能寄錢來，那麼只借我到坡士頓去的旅費十二美金就行了。算是我找到工作前的小幫助，我在星期六啓航。但願能在「首都旅館」收到您的信和東西。

順代向全家請安

誠懇的

艾德格‧愛倫坡

一八二七、三、二十里氣蒙

我身無分文可以買東西

致約翰‧愛倫坡先生

親愛的先生：

自從得到您的幫助已有兩年，而從您開始給我耳提面命也已超過三年。我忍不住要向您求援，當然看了這封信我深信您會對我有點資助，這是我唯一的希望。

是否您能設身處地爲我想一想，就必然會同情我——沒有朋友，沒有生機，不斷失業，窮困潦倒——純是因爲無助而絕望。

然而，我並不遊手好閒，不沈緬於敗德壞行——社會給我悲慘坎坷的命運，我並無悖禮行爲。請看在老天爺的面子上可憐我，救我於水火。

艾德格・愛倫坡

一八三三、四、十二

巴的摩爾

致愛妻維琴尼亞

我的甜心，最心愛的人：

媽可能向妳說明我爲何在今晚離開，我相信此次晤面對我會有實值上的好處——以及親愛的妳和母親——妳應充滿無限希望，與更堅定的信心。

在這最後最大的困境中，除了妳，我喪失一切勇氣。愛妻，你是我最重要的，也是最後唯一能激勵我面對逆境，向人生挑戰的人。

明日下午……我會回來，相信回來時我要帶一份珍貴的愛的禮物，以及最熱烈的祈禱。

好好睡吧！神會因妳的虔誠，帶給妳一個寧靜的夏天。

艾德格

一八四六、六、十二

致瑪麗·露伊斯·休夫人

親愛的朋友：

我的愛妻維琴尼亞還活著，雖能苟延殘存著，卻在忍受極大的折磨。神給她力量，使她支持到見著妳，再感謝妳一次爲止！她的胸中對妳充滿著友情——就像我自己——充溢著漫無止境的，不能以筆墨形容的感恩。她深怕再見不到妳——她轉告我，她要獻給妳一個最甜蜜的吻；然後才死，並祝福妳。

來，明天一定要來！我會暫時放下其他事，迎接妳熱情豪爽的到來。我母親也贈給妳「她最熱情的關懷和感謝」，她老人家要我告訴妳，如果方便就在我家住宿，以便相聚。

隨信附上郵局匯票。

祝福妳　再見

艾德格．愛倫坡

一八四七、元、二十九

註：這封信寫於維琴尼亞逝世前一日。休夫人是他們家的朋友，是個訓練有素的護士。坡在愛妻死後，因休夫人的啓示創作出最後的作品「鐘聲」。

致莎拉伊．海倫．懷特曼夫人

夫人：

現在，我用自己眞正的本意，以簡潔的文字，從妳個人品貌及存留在我心中的印象，做一番描繪吧！

當妳進門時，妳有一種羞怯的，柔弱的，逡巡遲疑的，明顯的沈重感那種心情；妳的眼睛繫住一股豐富引人的媚力；剎那之間，在我內心，我招認這是有生以來第一次如此的顫慄，這就是心靈交感的存在。

我把妳看成海倫——我的海倫——一千個夢中的海倫——在莊嚴激戀的情境中，

如美夢般的唇在我那上面徘徊不去——她，先天註定要獻給我所有的美與善——只有給我——如果不是，至少願她永遠與神同在。

妳言語膽怯，無多少信心。我聽不清楚——只是嬌柔的聲音，比我聽自己的聲音還親切，比天使之音更悅耳。當接觸到妳的玉指，我整個的靈魂就都陷進意亂情迷的震顫裡。然後，除了一股感傷或對妳壓抑難耐的害怕之外，就是一種羞愧感了——我已愛上妳那善良貞淑的情感——就像在現實世界裡崇拜自己敬愛的神。其後，在兩個連綿不斷的夜晚——最幸福的歡樂，妳來回於這個房間——時而坐我旁邊，時而離開，或雙手扶在我的椅背上。即使妳用一枝沒有知性的木頭刺入我心，我也會情不自禁地激起情愫——妳不能入睡在我寢室來回躊佇——就好像有深深的憂愁或玄奧的喜悅在糾纏著胸中的感情——在與妳獨處時，我陶醉的神魂顛倒。

我整個的人因爲享受妳那甜美的聲音，變得軟弱無力；我的眼睛沈迷於妳那嫵媚挑弄的明眸，變成目眩無知。

讓我引一段妳來信中的話：「你也許，想企圖說服我整個人，給你——我的容貌吸引了妳；——不過，在這方面我是易變的，如果到明天你還想找到一個與今天相同的我，就註定你要失望。再者，雖然我崇敬你的才華，欽佩你的智慧，與你共處使我

回復到童年那種天眞的快樂；但你也許不知道我的年紀大你好多歲，我擔心你不知道此事，如果知道，就不會有現在這種感覺。」

對這些我能說什麼——除了妳這種莊嚴的聲明給我的愛情帶來沈重負擔之外，我雙眼淌著甜蜜的熱淚。妳錯了，海倫，妳對年紀與愛情的見解眞的大錯特錯。我比妳大；妳是因多病和焦慮而看起來大一點——這些都是無法阻擋我愛妳的程度，是我沒有忍耐的美德嗎？我所留心的是如何眞摯地獻身愛情——不是幻術，是我獻身於妳之後才發生的一種感覺，哦！能把妳少女時代的青春氣息採掘回來許多吧！當然，妳的堅持是實際的。

妳不覺得最偉大的愛是我藏在深心之中，也就是世人常提及的所謂「靈愛」嗎？至少像我們這種例子。現實中的習俗完全對嗎？妳——我問妳原因，親愛的，不要隱瞞——妳不瞭解我心情——我的精神——妳不覺得我們熱烈的情愛與盼望已經溶合爲一體了嗎？海倫。我們已經達到「靈肉」一體的境界，至高無尙的境界。

妳認爲這些年是肉體生命中的不幸嗎？啊！我悲泣落淚——爲妳要保存這種善良的美德而生妳的氣——。

妳的儀表我要怎樣說呢？我沒見過妳嗎？海倫；我聽妳的玉音還不夠多嗎？在妳

迷人的微笑前我心臟停止跳動嗎？難道我沒有牽著妳手，從妳水晶宮般的雙眼走入，堅定地進進妳的心靈裡？我盡了全力嗎？——或我在做夢嗎？或我痛了嗎？妳只是存著莫明的任性，妳因病變得衰弱和叛逆，才認爲我在挑唆妳，妳仍然是我生命中的生命！我不得不愛妳——更崇拜妳，對妳證實我的感情是一種多麼光榮的喜悅啊！但是，就像這樣，我要如何說呢？

有人曾說妳沒有感情——也許見過而沒有感情上的表示或讚美。現在有一種死氣沉沉的恐懼感壓抑著我，我能很清限地看到這些現象——如此無稽的——徒勞的。要力勸一個人首先要她的個性可以被勸，就像我——一本正經；而妳遲疑不決——或許會因而同情——而信任我。唉！我該瞭解，妳決不會說出「我愛你」三個字。親愛的海倫，妳自己知道，我有些不能掌握的因素使我難以更進一步親近妳，對妳表示我的愛情。

我不是可憐——由於後來的錯誤和魯莽減低了我們互敬的程度——我是豐裕的，甚或提供妳世俗的虛榮——然後——然後——爲自己不屈不撓而感到驕傲——去——去抗辯——祈禱——爲妳的愛情懇求——以最眞誠的謙遜，海倫，我如浪濤般的熱淚灑向妳的足尖。

現在，再摘錄妳信的另一段：「我發現我還不能把決定告訴你，我只能說……。」

願神保護你免於痛苦，你的話惹起我太多感慨！你自己不會知道——看不出自己的絕望。這話我忍痛道出。啊！海倫，我的靈魂！要寫的都寫完了！是我瘋狂逼迫妳嗎？我無言以對——用妳的生命和愛心祝福妳的母親和妹妹吧！只是，親愛的！算我愚昧，相信我的眞誠，眞誠地愛妳，這是愛情的最高昇華，是我內心湧現的眞情。海倫，爲我想一想，爲我……。

我的忠誠會把一種超自然的沉靜——我的愛，輸入到妳心中——適合妳——撫慰妳——使妳心神安靜；妳會從現實社會的懸念與騷動中靜下來；妳會愈來愈進入佳境。如果沒有，海倫，如果沒有——如果妳死——最後我就陷進絕望的死之中——欣然地——哦，快樂地——快樂地，與妳走進墳場的夜晚。

盡快回答我——要快——不必多說。

勿爲我的緣故而焦躁或厭煩。

艾倫坡

一八四八、十、一

愛倫坡年表

愛倫坡的先祖昔日由諾曼第移居愛爾蘭，到坡的曾祖父始全家渡海去美國。

一八〇九年元月十九日，生於麻省波士頓市。母親是伊莉莎白・安諾德，父親是大衛・坡，都是貧困的流浪藝人。這年的年底，老坡不告而別，從此未曾再出現，沒有人知道他去那裡。

一八一一年十二月八日，母親逝世於維吉尼亞州里氣蒙。數日後坡被該市煙草商約翰愛倫夫婦收養（法律上未辦理收養手續）。

一八一五年七月二十八日，隨養父母前往英格蘭。

一八一八年到一八二〇年之間就讀倫敦附近的馬諾小學。

一八二〇年七月二十一日，隨愛倫家人回紐約，八月二日到達里氣蒙，住在愛倫先生的朋友查理士艾利思家中。秋末一家人喬遷第五街新居。

一八二一年坡在約瑟夫・克拉克的學校就讀，研習拉丁文、希臘文、數學。

一八二六年二月十四日，進讀維吉尼亞大學，臨行前與女友艾蜜拉私訂終身。到這年十二月十五日學期終了時，因積欠賭債被養父召回休學，回來後發現艾蜜拉已嫁，痛苦不堪。

一八二七年三月二十四日，離家出走去里氣蒙，四月七日到達波士頓。五月二十六日署上「艾德格・愛倫坡」之名，加入美國陸軍。本月其第一本詩集「帖木兒及其他的詩」出版，約有四十頁，五十本，售價十二分又二分之一。（到一九一九年尚有四本，每本賣到壹萬元。一九八八年有一名麻省的書籍收集商在新罕布什爾古董市場瀏覽，發現一本並以十五美元買下，但在蘇富比拍賣三十萬美元。（詳見民國77年3月廿八日法新社電，三十日聯合報第十七版）十一月八日，坡隨砲兵部隊到南卡洛來納的夏利斯敦港。）

一八二八年十二月隨陸軍離開蘇利曼島，開往維吉尼亞州。

一八二九年元月一日升士官長，二月二十九日養母法蘭西・愛倫在里氣蒙逝世。四月十五日被陸軍解職，他又打算去西點。秋天，到巴的摩爾會見姑媽瑪麗亞克來盟夫人和堂妹維琴尼亞。十二月在巴的摩爾出版第二本詩集「阿拉發，帖木兒，及其他的詩」，只是第一本的擴充而以。

一八三〇年七月一日又加入西點軍校。這是出自姑母的建議，因爲他實在混不下去了。
十月養父又娶了一位後母。
一八三一年二月十九日，因抗命被西點開除，反正他當兵都是爲了混一口飯吃，軍旅生活制壓他創作的衝動。四月出版第三本詩集。
夏天又到巴的摩爾與姑媽同住。
八月一日胞兄威廉・亨利・坡逝世。
一八三二年元月十四日，「信使雜誌」刊出他的「美仁葛斯特」，這一年中費城的「星期五莎坦雜誌」曾發表坡的五篇恐怖小說。
一八三三年五月完成小說「佛利歐俱樂部的故事」。
十月十二日他的一篇「瓶中手稿」獲得巴的摩爾「訪客雜誌」的首獎。
一八三四年三月間，他聽說養父生病，奔回里氣蒙探望，但未被老父接受，反被逐出門，坡傷心欲絕。
五月二十七日約翰・愛倫圜然長逝，坡沒有得到半毛錢遺產。
一八三五年四月發表「蓋瑞拉」。
五月信使雜誌刊出「貝瑞尼斯」。

八月回到里氣蒙任職「南方文學訊息雜誌社」助理編輯，十月三日並把姑媽接來同住，同時與十二歲的堂妹維琴尼亞發生戀情。（在那個時代這是一件正常的事）這一年坡也在訊息雜誌上發表四篇小說。

一八三六年五月十六日，他和未滿十四歲的堂妹正式結婚。（她生於一八二二年八月十五日）可惜他的愛妻身體很衰弱，生活又艱難，她又萬分體貼丈夫，一八四七年就去世了。

一八三七年元月三日又離開訊息雜誌。二月全家人搬到紐約，住第六街，到十二月又回里氣蒙。

一八三八年夏天時曾走過一趟費城。在紐約發表恐怖小說「亞瑟・格敦・賓的故事」

一八三九年六月任職「柏頓紳士雜誌」助理編輯。九月在紳士雜誌社刊出「吳雪家族的沉淪」，十月刊出「威廉的故事」年底有兩本小說出版，但未領到稿費。（在那個時代這也是正常的事）

一八四〇年有兩冊怪異故事集在費城出版。

一八四一年四月任職「格拉漢雜誌社」主編，五月發表「大漩渦歷險記」，六月發表

「仙島」。

七月打算去華盛頓財政部謀職未成，開始寫「巴黎神秘謀殺案」

一八四二年四月發表「生活在死亡中」。

五月寫「死亡舞會」，刊在格拉漢雜誌，本月份作家狄更生訪問費城，曾和坡有兩面之緣，他讚美說：「這個人是個鬼才！」

一八四三年元月「新月刊雜誌」發表「分屍案的怪人」。

八月十九日費城莎坦雜誌刊出「黑貓」。

今年有一本「艾德格．愛倫坡的故事」在費城出版。

「金甲蟲」得到百元獎金，但未領到。

一八四四年四月七日，舉家搬往紐約，住在百老匯八十四街，這個月的十三日發表「飛越大西洋」，讀者嘩然，原來都被小說愚弄了。

四月也發表另一作品「雷吉德山脈傳奇」，年底轉任「晚鏡報」工作。

一八四五年元月二十九日接任晚鏡報助理編輯，同時刊出「大鴉」

三月八日離開晚鏡報，轉任「百老匯雜誌」助編。

五月又搬家了，住東百老匯一百十五號。

夏天有數篇小說發表，並集成冊。

十月二十四日正式接任主編輯。

十一月在紐約出版「大鴉及其他詩集」。

冬天又搬家了，還在紐約，住亞密狄街八十五號

一八四六年元月三日，坡失去百老匯雜誌主編，而該雜誌社也同時關門，年初曾因失業，生病與女詩人歐斯昆夫人發生戀情。

五月間坡搬去住在一個離城市十三英哩的小鄉村。

五月到十月在「高迪婦女雜誌」寫了對當代三十八位作家的評論，引起一陣筆仗，

十一月刊出「酒的祭者」。

一八四七年元月三十日，愛妻維琴尼亞逝世，從此精神陷落低潮。

一八四八年二月三日，在「紐約學會圖書館」當衆朗誦他的詩篇「尤瑞卡」，此詩於六月份發表。

二月並開始著手計劃寫「美國文學」一書。

六月十日在麻省羅維爾演講「美國詩人與美國詩」。

七月十七日前往維吉尼亞州里氣蒙，又在一家沙龍酒吧裡向人朗誦他得意的詩篇

「尤瑞卡」。

九月二十一日前往東北方的羅德島，巧遇莎拉伊・海倫・懷特曼夫人，坡打算娶她爲妻。

十一月二日（？），再度去羅德島企圖說服懷特曼夫人，後又到波士頓，因吸鴉片險些自殺。

十二月二十日，在羅德島演講，二十二日與懷特曼夫人訂婚，並決定不久就要結婚，後又因坡酗酒而解除婚約。

一八四九年六月三十日，離開紐約前往里氣蒙，想在雜誌社方面有點作爲，七月二日（？）到達費城約翰莎坦家裡，人已神志不清。

七月十三日離開費城去里氣蒙，在這裡又遇到多年前的愛人艾蜜拉，坡想要娶她爲妻。

八月十七日在里氣蒙演講「詩之原理」，九月十四日以相同題目在諾福克演講，

九月二十四日又在里氣蒙演講。

九月二十七日在里氣蒙與舊情人艾蜜拉分手，似乎要去紐約。

十月三日在巴的摩爾被人發現，已病入膏肓，被送往華盛頓大學醫院。

十月七日清晨五點，一代可憐痛苦的作家終於航向人生終點站，與世長辭了。

十一月莎坦雜誌社刊出他的遺作「鐘聲」。

（本表參考 Philip Van Doren Stern 所編，由紐約 PENGUIN BOOKS 出版的 Edgar Allan POE 全集）

研究愛倫坡的史料方向

I. Primary Sources

Poe, Edgar Allan. The Complete Tales and Poems of Edgar Allan Poe. Introd. Hervey Allen. New York: The Modern Library, 1938.

Poe, Edgar Allan. In The Norton Anthology of American Literature. Eds. Ronald Gottesman et al. Vol. 1B. New York: W. W. Norton & Company, Inc., 1979. pp. 1202-1359.

Alterton, Margaretand and Hardin Craig, eds. Edgar Allan Poe: Representative Selections. New York: American Book Company, 1935.

Pollin, Burton R., ed. Edgar Allan Poe The Imaginary Voyages: Pym Pfaall Rodman. Collected Writings of Edgar Allan Poe. Vol. 1. Boston: Twayne Publishers, 1981.

II. Secondary Sources

Bayn, Nina. "The Function of Poe's Pictorialism." South Atlantic Quarterly, 65 (1966), 47-52.

Bonaparte, Marie. The Life and Works of Edgar Allan Poe: A Psycho-Analytic Interpretation. Trans. John Rodker. With a Forward by Sigmund Freud. London: Imago, 1949.

Campbell, Killis. The Mind of Poe and Other Studies. Cambridge, Massachusetts: Harvard University Press, 1933.

Carlson, Eric W., ed. Introduction to Poe: A Thematic Reader. Glenview, Illinois: Scott, Foresman and Company, 1967.

Cecil, L. Moffitt. "The Two Narratives of Arthur Gordon Pym." Texas Studies in Literature and Language, V (1963), 231-41.

Coleridge, Samuel Taylor. "The Rime of the Ancient Mariner." In The Norton Anthology of English Literature. Gen. Ed. M. H. Abrams. 3rd ed. Vol. 2A. New York: W. W. Norton & Company, Inc., 1974. pp. 283-307.

Davidson, Edward H. Poe: A Critical Study. Cambridge: Belknap Press of Harvard University Press, 1957.

Eakin, Paul John. “Poe's Sense of an Ending.” American Literature, 45, No. 1 (March, 1973), 1-22.

Feidelson, Charles, Jr. Symbolism and American Literature. Chicago: The University of Chicago Press, 1953. pp. 35-37.

Fiedler, Leslie Aaron. Love and Death in the American Novel. Cleveland, Ohio: The World Publishing Company, 1960.

Gargano, James W. “The Question of Poe's Narrators.” In Poe: A Collection of Critical Essays. Ed. Robert Regan. Englewood Cliffs, New Jersey: Prentice-Hall, 1967. pp. 164-71.

Gottesman, Ronald., et al., eds. “Edgar Allan Poe.” In The Norton Anthology of American Literature. Vol. 1B. New York: W. W. Norton & Company, Inc., 1979. pp. 1202-07.

Hallam, Clifford Barry. The Double as Incomplete Self: Studies in Poe, Melville, and Conrad. Oxford, Ohio: Miami University, 1979. Ann Arbor, Michigan: University Microfilms, BOO1426, 1982.

Hamilton, Edith. Mythology. New York: The New American Library of World Literature, Inc., 1940.

Hoffman, Daniel. Poe Poe Poe Poe Poe Poe Poe. Garden City, New York: Doubleday & Company, 1972.

Hunter, Doreen M. "A Reconsideration of Poe's Relationship to American Romanticism." American Studies, Vol. VIII, No. 1, (March, 1878). Nankang, Taipei, Republic of China: Institute of American Culture, Academia Sinica. 16-17.

Kaplan, Harold. M. D. et al. Comprehensive Textbook of Psychiatry/III. 3rd. ed. Vol. 1. Baltimore, Maryland: Williams & Wilkins, 1980.

Kaplan, Sidney. "An Introduction to Pym." In Poe: A Collection of Critical Essays. Ed. Robert Regan. Englewood Cliffs, New Jersey: Prentice-Hall, 1967. pp. 145-63.

Karnath, David. "Poe's Baroque Space and the Unity of Effect." Studies in Short Fiction, 15, No. 3 (Summer, 1978), 263-268.

Ketterer, David. New Worlds for Old: The Apocalyptic Imagination, Science Fiction, and American Literature. Bloomington: Indiana University Press, 1974.

--------, The Rationale of Deception in Poe. Baton Rouge and London: Louisiana State University Press, 1979.

Levin, Harry. The Power of Blackness: Hawthorne, Poe, Melville. New York: Alfred A. Knopf, Inc., 1960.

Macy, John. Edgar Allan Poe. Boston: Press of Geo. H. Ellis Co., 1907.

Mooney, Stephen L. "Poe's Gothic Waste Land." In The Recognition of Edgar Allan Poe. Ann Arbor, Michigan: University of Michigan Press, 1966. pp. 278-97.

Mordell, Albert. The Erotic Motive in Literature. New York: Collier Books, 1962.

Moss, Sidney P. "Arthur Gordon Pym, or the Fallacy of Thematic Interpretation." University of Kansas City Review, XXIII (1967), 299-306.

Murphy, Christina J. "The Philosophical Pattern of 'A Descent into the Maelstrom.'" Poe S, 6: 25-26.

Nicholi, Armand M., Jr. M. D., ed. The Harvard Gukde to Modern Psychiatry. Cambridge, Massachusetts: The Belknap Press of Harvard University Press, 1978.

O'Brien, Edward Joseph Harrington. The Advance of the American Short Story. Revised. New York: Dodd, Mead and Company, 1931.

Oliver, Lawrence J., Jr. "Kinesthetic Imagery and Helplessness in Three Poe Tales." Stu-

dies in Short Fiction, 20, No. 2-3 (Spring-Summer 1983), 73-77.

Quinn, Arthur Hobson. American Fiction: An Historical and Critical Survey. New York: D. Appleton-century Company, 1936.

Quinn, Patrick F. The French Face of Edgar Poe. Carbondale: Southern Illinois University Press, 1957.

Rans, Geoffrey. Edgar Allan Poe. Edinburgh and London: Oliver and Boyd, 1965.

Ridgely, J. V., and Iola S. Haverstick. "Chartless Voyage: The Many Narratives of A. Gordon Pym." Texas Studies in Literature and Language, VII (1966), 63-80.

Riggio, Thomas P. "American Gothic: Poe and an American Tragedy." American Literature, XLIX (January, 1978), No. 4, 515-533.

Ringe, Donald A. American Gothic: Imagination and Reason in Nineteenth-Century Fiction. Ken-tuckey: The University Press of Kentucky, 1982.

Smith, C. Alphonso. Edgar Allan Poe: How to Know Him. Garden City, New York: Garden City Publishing Co., Inc., 1921.

Stone, Edward. Voices of Despair: Four Motifs in American Literature. Ohio University

Press, 1966.

Stovall, Floyd. "The Conscious Art of Edgar Allan Poe." In Poe: A Collection of Critical Essays. Ed. Robert Regan. Englewood Cliffs, New Jersey: Prentice-Hall, Inc., 1967. pp. 173-78.

Tate, Allen. "Our Cousin, Mr. Poe." In Poe: A Collection of Critical Essays. Ed. Robert Regan. Englewood Cliffs, New Jersey: Prentice-Hall, Inc., 1967. pp. 38-50.

Thompson, G. R. "Poe." American Literary Scholarship, 1974. Ed. James Woodress. Durham, North Carolina: Pake University Press, 1976. 38-42.

Voss, Arthur. The American Short Story: A Critical Survey. Norman: University of Oklahoma Press, 1973.

Wagenknecht, Edward. Edgar Allan Poe: The Man Behind the Legend. New York: Oxford University Press, 1963.

Zanger, Jules. "Poe and the Theme of Forbidden Knowledge." American Literature, XLIX (January, 1978), No. 4, 533-43.

（本資料取材自孫芳燕（Fang-Yen Sun），艾德格・愛倫坡（Poe's Marine Eorld）海洋小說中的內心世界。(政治作戰學校外文研究所，碩士論文，1984，9。）

本書作者重要著編譯作品及購買方法

編號	書　　名	出版者	定價	備註（性質）
1	國家安全與情治機關的弔詭	幼獅	200	軍訓國防通識參考書
2	決戰閏八月：中共武力犯台研究	大人物	250	國防、軍事、戰略
3	防衛大台灣：台海安全與三軍戰略大佈局	大人物	350	國防、軍事、戰略
4	非常傳銷學（與范揚松合著）	大人物	250	直銷教材
5	孫子實戰經驗研究：孫武怎樣親自驗證「十三篇」	黎明	290	孫子兵法研究
6	解開兩岸 10 大弔詭	黎明	280	兩岸關係
7	大陸政策與兩岸關係	黎明	290	（同上）
8	從地獄歸來：愛倫坡（Edgar Allan poe）小說選	慧明	200	翻譯小說
9	尋找一座山：陳福成創作集	慧明	260	現代詩
10	軍事研究概論（與洪松輝等合著）	全華	250	軍訓國防通識參考書
11	國防通識（高中、職一二年級共四册）學生課本	龍騰	時價	部頒教科書
12	國防通識（高中、職一二年級共四册）教師用書	龍騰	時價	部頒教科書
13	五十不惑：一個軍校生的半生塵影	時英出版社	300	我的前傳
14	國家安全與戰略關係		300	國安、戰略、研究
15	中國學四部曲　首部曲：中國歷代戰爭新詮		350	戰爭研究
16	二部曲：中國政治思想新詮		400	政治思想研究
17	三部曲：中國四大兵法家新詮（孫子、吳起、孫臏、孔明）		350	兵法研究
18	四部曲：中國近代黨派發展研究新詮		350	政治、黨派研究
19	春秋記實：台灣地區獨派執政的觀察與批判		250	現代詩、政治批判
20	歷史上的三把利刃：部落主義、種族主義、民族主義		250	歷史、人類、學術
21	國家安全論壇（軍訓、國防、通識參考書）		350	國安、民族主義
22	性情世界：陳福成情詩選		300	現代詩、情話
23	新領導與管理實錄（金像獎得獎作品）		時價	閒情、頓悟、啓蒙
24	一個軍校生的台大閒情	文史哲出版社	280	春秋、正義
25	春秋正義		300	春秋、正義、學術
26	頓悟學習		260	人生、頓悟、學習
27	公主與王子的夢幻		300	書簡、小品、啓蒙
28	幻夢花開一江山（傳統詩風格）		200	人生、詩歌、小品
29	奇謀迷情與輪迴：被詛咒的島嶼㈠		220	政治、奇謀、言情小說
30	春秋圖鑑：回頭看中國近百年史（3600 張圖）		時價	3600 張照圖解說
31	我的永恆名片：自我實現的歷程——向您行銷我的生生世世		時價	本書作者、作品簡介，人生啓蒙、自我實現。

註：以上編號 1～29 已全部出版完畢，其他也將在近年出版，敬請期待

購買方法：

方法 1.全國各書店
方法 2.各出版社
方法 3.郵局劃撥帳號：22590266　戶名：鄭聯臺
方法 4.電腦鍵入關鍵字：博客來網路書店→時英出版社
方法 5.時英出版社　電話：（02）2363-7348　（02）2363-4803
地址：台北市新生南路 3 段 88 號 3 樓之 1
方法 6.Http://CFQ.intaichung.com.tw
方法 7.Http://goods.ruten.com.tw/item/show? 11061118078475
方法 8.文史哲出版社：（02）2351-1028　郵政劃撥：16180175
地址：100 台北市羅斯福路 1 段 72 巷 4 號